전통음식만들기

국립중앙도서관 출판예정도서목록(CIP)

전통음식만들기 : 이어 가는 손맛 / 지은이: 맹명희 외 44인
공저. -- 인천 : JMG, 2016
296 p. ; 190x260cm

ISBN 979-11-87715-01-6 13590 : ₩20000

전통 음식[傳統飮食]
한국 요리[韓國料理]

594.51-KDC6
641.59519-DDC23   CIP2016024531

이어 가는 손맛
전통음식만들기

2016년 10월 20일 1판 1쇄 발행
2017년 10월 25일 2판 1쇄 발행

지은이 맹명희 외 44인 공저
펴낸이 김 송 희
펴낸곳 도서출판 JMG(자료원, 메세나, 그래그래)

우편 21444
주소 인천광역시 부평구 하정로 19번길 39, B01호(십정동)
전화 (032)463-8338(대표)
팩스 (032)463-8339(전용)

홈페이지 www.jmgbooks.kr

출판등록 제2015-000006호(1992. 11. 18)

ISBN 979-11-87715-01-6 13590

ⓒ 맹명희, 2016. Printed in Korea

● 이 책에 대한 번역·출판·판매 등의 모든 권한은 도서출판 JMG에 있습니다.
   간단한 서평을 제외하고는 도서출판 JMG의 허락없이 이 책의 내용을
   인용·촬영·녹음·재편집하거나 전자문서 등으로 변환할 수 없습니다.

● 책값은 뒤표지에 기록되어 있습니다.

● 잘못된 책은 구입처에서 교환해 드립니다.

이어 가는 손맛
전통음식만들기

맹명희 외 44인 공저

JMG

발 · 간 · 사

책을 펴내며

　이 책은 전문가들의 기교 넘치는 요리책도 아니고, 전문가가 찍은 사진이나 글도 아닙니다. 누가 거름을 주어 가꾸지 않아도 깊은 산속이나 넓은 들판에서 자생하는 잡초처럼 각 가정에서 할머니나 어머니가 만들어주시던 음식이고, 바람에 날리는 민들레갓털씨처럼 머나먼 해외로 날아가서도 맛의 뿌리를 잊지 못해 이어지는 우리의 음식을 일상의 모습 그대로 담아놓은 것입니다.

　세계화의 물결 속에서 먹거리의 종류는 다양해지고 있습니다. 그에 비례하여 뿌리를 알 수 없는 음식들이 범람하여 자칫 우리의 것이 맥을 잃어가기 쉬운 현실에서, 우리 전통 음식을 좀 더 알고, 좋은 정보를 공유하기 위해, 사이버 공간에 전통음식만들기란 카페를 개설하여 운영해온 지 10년이 되었습니다.

　10년의 세월 동안 우리 카페에는 인터넷의 특성에 따라 독자와 작가가 맞닿아 대화를 나누고 있었고, 단순한 레시피가 아닌, 손맛 정맛을 느낄 수 있고, 음식에 서린 글쓴이들의 애환과 역사가 살아있는 글 수만 개가 모이게 되었습니다.

　사이버 공간이란 게 빠른 정보 전달로 편리하기는 하지만 영원히 불변하는 곳이 아니고, 사업주체나 시스템의 변화에 따라 언제라도 변수가 생길 수가 있다는 점을 우리는 지난 20여 년 간의 인터넷 역사에서 이미 몇 차례 경험한 바 있습니다. 더구나 요사이는 기업 간 인수합병(M & A)이 수시로 일어나고 있는 현실 속에서 흔적도 없이 사라질 수 있는 공간이 사이버공간입니다.

우리들의 소중한 정성과 혼이 담긴 글들이 혹시라도 이런 돌풍 같은 변화의 물결에 휩싸여, 흘러간 별똥별처럼 여운만 남는 여적이 되지 않기 위하여 그동안 전통음식만들기 카페 회원님들이 올린 글 중에서 중요한 자료들을 우선적으로 뽑아 글쓴이의 사연과 함께 책으로 묶어 길이 남기고 출간의 기쁨을 전 회원님들과 함께 나눕니다.

종이책이라는 한정된 지면 관계상 이번에 함께 수록하지 못한 글들은 다음 기회에 또 한 번 힘을 모아 엮을 것을 약속드리며, 아무쪼록 이 책 한 권이 우리가 누구며, 우리의 반만년 역사에서 전통음식은 우리들에게 무엇을 안겨주었는가를 이해하는데 도움이 되었으면 하는 바램을 전음방 전 회원님들과 함께 꿈꿔봅니다.

2016년 9월 15일

다음 카카오(Daum Kakao)
전통음식만들기 카페지기
맹 명 희 드림

추 · 천 · 사

어린 시절 어머님이 만들어주신
전통음식을 그려보며

귀한 책의 추천사를 쓰게 됨을 감사하며, **기쁘게 생각합니다.** 현대 문명사회는 세계화되어 감에 따라, 우리들의 식생활이 서구화되어가고, 단순화되어갑니다. 차 한 잔에 빵 한 조각으로 식사를 대신하는 젊은이들 속에 노인 인구는 늘어나고 있습니다. 토속적인 환경에서 전통적 민족성으로 살아온 노인네들은 과도기의 현대사회 틈 사이에서 혼돈의 정신장해를 유발하고, 입맛을 잃으며, 어린 시절 어머님 손에 의해 만들어진 전통음식을 그리워하고 있습니다. 이와 때를 같이하여 맹명희 회장님 이하 여러 회원님들이 장기간 습득하여 온 '전통음식 만들기' 자료를 수집하여, 한 권의 책으로 출간하게 됨을 진심으로 축하합니다.

분명 이들은 아마추어입니다. 출간을 위해 편집중인 자료들을 한 분도 빠짐없이 다 읽어 보았습니다. 우리나라 전역과 외국에서까지 우리가 자랑하고픈 전통음식을 만들어서, 각 가정의 건강과 국민의 건강, 나아가서는 전 세계인의 건강을 위해 헌신하고 있음을 알 수 있습니다. 전통음식에 사용되는 자료는 모두가 자연에서 구하게 되고, 지역에 따라 명칭이 방언으로 표현되는 이름이 재미있기도 합니다. 어머니로부터 배운 손맛과 정성이 최고의 건강식품으로 식탁에 올라 입맛을 돋우고, 가족 전체의 건강을 유지하는 데 큰 공헌을 하게 되나 봅니다.

옛날 말에 의하면 며늘아기 잘 보면 부자가 되고, 가화만사성이란 속어가 나올 정도로 병 없이 화목하고, 행복한 가정이 된다고들 했습니다. 즉 전통음식을 만드는 분들은 그 정성이 곧 인간됨

구 자 운
(구자운의원 원장. 수필가. 문인화 화가)

됨을 뜻하는 바, 올바른 정신, 진리탐구의 정신, 창조정신으로 만들어지는 음식이라 그 음식을 먹는 사람 역시 그 정신의 향기를 맛보게 되고, 그 혼이 정신세계로 스며들기에 건전한 사람으로 생활하게 될 것이며, 전통음식은 자랑스러운 보배 음식입니다.

우리나라 전통음식은 과학적입니다. 우리 밥상을 가만히 분석하여보면 현대의학이 놀라울 정도로 다양화된 영양소가 혼합되도록 차려져 있습니다. 또한 인체가 요구하는 수분을 보더라도 하루 최하 3000씨씨(CC), 물이 필요한데 밥상에 국 한 그릇, 물 한 그릇이면 1000씨씨(CC), 즉 하루 세끼를 먹으니 자연히 3000씨씨(CC)를 마시게 됩니다. 반찬을 둘러보면 주체가 모두 발효식품이라 위장이 발효시켜야 할 일을 미리 다 만들어서 먹게 되니 놀라지 아니 할 수 없습니다. 이렇게 보면 전통음식 만드는 분들은 다들 위대한 과학자들입니다.

전통 음식 만들기는 단순한 손맛 자랑이 아니라, 오랜 경험에서 어이지는 역사적인 삶의 지식이요, 성장의 근본이며, 건강의 척도이기에, 누구나 이 책을 통하여 배울 수 있는 기회가 주어지는 것입니다. 맹명희 선생님 이하 여러 집필자 여러분의 노고에 감사드리며, 이 책을 통하여 건강과 행복이 함께 할 것을 믿어 의심치 않기에 적극 추천합니다.

2016년 8월 30일

Contents

목 차

발간사 / 4
추천사 / 6
전통음식만들기 카페 연혁 / 294
편집 후기 / 296

제1부

016 맹 명 희

기능성 식혜 / 16
돼지족발찜 / 25
양념꽃게장 / 29
젓갈고추장 / 34
전통주 담그기 / 38
오징어젓 담그기 / 43
오징어젓 무치기 / 45

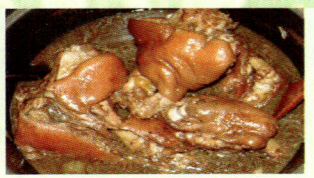

 제2부

050 강 금 옥
  간장게장 / 50

054 강 미 자
  찹쌀고추장 담그기 / 54

058 공 경 옥
  북어포조림 / 58
  미역국 / 62

066 길 정 자
  오골계탕 / 66
  인삼소불고기 / 70

074 김 경 숙
  보쌈김치 / 74
  도루묵튀김과 강정 / 77

080 김 금 순
  단풍깻잎 / 80
  우렁이쌈장과 즉석무침 / 86

090 김 명 자
  함경도 가자미식해 / 90
  가지찜 / 94

98 김 병 수
  우리 집 이북식 김치 / 98
  이북식 가마솥김치밥 / 102

106 김 소 정
  진주완자 / 106

108 김 송 희
  연잎밥 / 108

112 김 수 경
  곶감지짐 / 112

116 김 순 남
  탕평채 / 116
  쑥갠떡(쑥절편) / 119

제3부

124 김연희
명이나물장아찌 / 124
오리백숙 / 128

132 김영옥
아욱죽 / 132
순무김치 / 135

138 김은희
보리굴비 / 138
새우장 / 141

144 김인구
경기식 추어탕 / 144

148 김홍기
묵은지에서 배우는 대교약졸의 지혜 / 148

156 김 효
안동전통음식 집장 / 156

160 박미희
양삼죽 / 160

164 박영숙
원소병 / 164
안동식혜 / 168

172 박은정
배굴깍두기 / 172

176 범공천
배추 숨죽이기 / 176

178 서은자
캐나다로 이민 온 김부각 / 178

182 서정미
진달래찹쌀떡 / 182
어머니의 도토리묵가루 / 185

제4부

190 손은희
  게감정 / 190
  배추선 / 193

196 손정호
  삼색편강 / 196
  생강란 / 199

202 송현숙
  콩비지찌개 / 202

206 안부섭
  올방개묵말이 / 206

210 유근화
  쑥전 / 210

214 이광님
  조기김치 / 214
  팥죽 / 218
  민어어선 / 222

224 이미자
  폐백 / 224
  증편 / 229

232 이성애
  충무김밥 / 232
  유쇼이김치 / 236

238 이시형
  가죽나무순장떡 / 238

242 이영순
  수리취인절미 / 242

제 5부

248 이 은 영
　　당귀잎장아찌 / *248*

252 이 정 자
　　호박선과 오이선 / *252*
　　골동반(비빔밥) / *256*

258 이 현 숙
　　소낙탕탕이 / *258*
　　충무김밥 / *261*

264 전 남 숙
　　메밀묵밥 / *264*
　　오징어순대 / *268*

270 전 성 자
　　전복죽 / *270*

274 정 찬 미
　　찜장 / *274*

278 조 성 숙
　　두부와 두부조림 / *278*

282 최 봉 순
　　간장 담그기 / *282*

286 한 혜 경
　　포도 모양 김밥 / *286*

290 황 정 희
　　감자떡 / *290*

047 본문 속에 나오는 <초학기>란 어떤 책인가?
073 본문 속에 나오는 <조선여속고>란 어떤 책인가?
097 본문 속에 나오는 <난호어목지>란 어떤 책인가?
143 본문 속에 나오는 <동국세시기>란 어떤 책인가?
175 본문 속에 나오는 <오주연문장전산고>란 어떤 책인가?
181 본문 속에 나오는 <규합총서>란 어떤 책인가?
241 본문 속에 나오는 <조선무쌍신식요리제법>이란 어떤 책인가?
245 본문 속에 나오는 <삼국사기>란 어떤 책인가?
251 본문 속에 나오는 <주방문>이란 어떤 책인가?
273 본문 속에 나오는 <수문사설>이란 어떤 책인가?
289 본문 속에 나오는 <시의전서>란 어떤 책인가?

294 전통음식만들기 카페 연혁
296 편집 후기

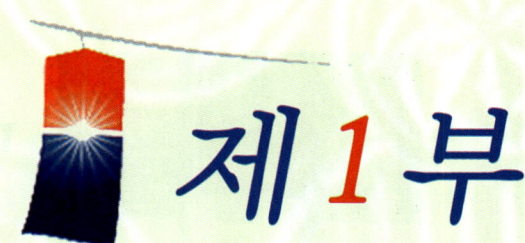

제 1 부

016 맹명희

기능성 식혜
돼지족발찜
양념꽃게장
젓갈고추장
전통주 담그기
오징어젓 담그기 /
오징어젓 무치기

맹명희

01. 기능성 식혜
02. 돼지족발찜
03. 양념꽃게장
04. 젓갈고추장
05. 전통주 담그기
06. 오징어젓 담그기 / 오징어젓 무치기

전통음식만들기 01

기능성 식혜

"식혜는 밥을 엿기름으로 삭혀서 달콤한 맛이 나도록 만든 전통 음료로 후식으로 많이 마십니다. 단술이나 감주라고도 부르는데 밥알을 띄워서 먹으면 식혜, 밥알을 걸러내고 국물만 마시면 감주라 부릅니다. 이 중 기능성 식혜는 일반 식혜에다 곡류나 채소 열매 약재 등을 더 첨가해 특별한 맛과 기능을 살린 식혜를 말합니다."

식재료 :

쌀 1kg, 엿기름 300g, 물 6리터, 인삼 2뿌리, 생강 한 쪽.
(인삼이나 생강은 기호와 체질에 따라서 가감을 합니다.)

만드는 법 :

1. 압력솥이 아닌 보온과 취사만 되는 구형 전기밥솥이 필요합니다. 이 밥솥은 20인용입니다.
2. 이렇게 큰 인삼은 한 뿌리만 해도 됩니다.
3. 쌀은 2시간 이상 잘 불립니다.
4. 찜기 깔개는 이렇게 딱 맞는 것보다 찜통 직경보다 많이 큰 것이 좋습니다.
5. 넓은 것을 사용하면 벽에서 물먹은 밥알이 안 생겨서 좋고 밥을 들어 올릴 때도 좋습니다. 쌀을 수북이 놓지 말고, 중심 부분을 옴팡하게 파 놓습니다.

6. 김이 나오기 시작한 후 20분 찌고 5분 뜸들입니다. 쌀 양과 불의 세기에 따라 다릅니다.
7. 고두밥이 쪄지는 동안 전기밥솥에 물을 담고 따뜻한 물이 되도록 합니다.
8. 엿기름을 면으로 된 자루에 담습니다. 화학섬유로 된 자루에 담으면 분말이 많이 새어나와서 식혜가 검게 됩니다.
9. 마른 가루를 자루에 담고, 자루를 바짝 매지 않고 내용물이 움직일 수 있도록 여유를 주고 잘 동여맵니다.
10. 엿기름 자루를 물에 넣고 살짝 올렸다 내렸다 하여 엿기름 성분이 물에 퍼지게 합니다. 엿기름이 물에 고루 퍼지지 못 했을 때 밥을 넣으면 밥알이 삭기 전에 불기부터 해서 안 좋습니다.
11. 쌀이 잘 쪄졌으면 꺼내서,
12. 깔개째 들어다 엿기름물에 살그머니 넣고 고두밥 덩어리를 살살 풀어줍니다.

13. 14. 밥통 내부 온도 67도. 아마도 뚜껑 닫으면 70도 될 것 같습니다.
15. 6시간쯤 되면 밥알이 여러 개 떠오릅니다. 그래도 더 두어야 합니다. 이대로 뚜껑을 덮어두고 가끔 열어서 밥알을 저어줍니다. 시간이 갈수록 밥알이 점점 더 올라 뜨고 15시간 이상이 되면 단맛이 진해집니다.
    옛날에는 6시간 정도에서 삭히는 걸 중단했는데, 실험을 해 보니 6시간에는 밥알은 삭지만 단맛이 별로 없고, 충분히 시간이 지나야 단맛이 잘 납니다.
16. 열다섯 시간쯤 되면 밥알이 엄청 많이 떠오릅니다. 몇 시간 더 두어도 되고, 이 정도만 돼도 자루 건져내고 끓여서 식히면 맛있는 식혜를 먹을 수 있습니다.
17. 엿기름 자루를 건져냅니다.

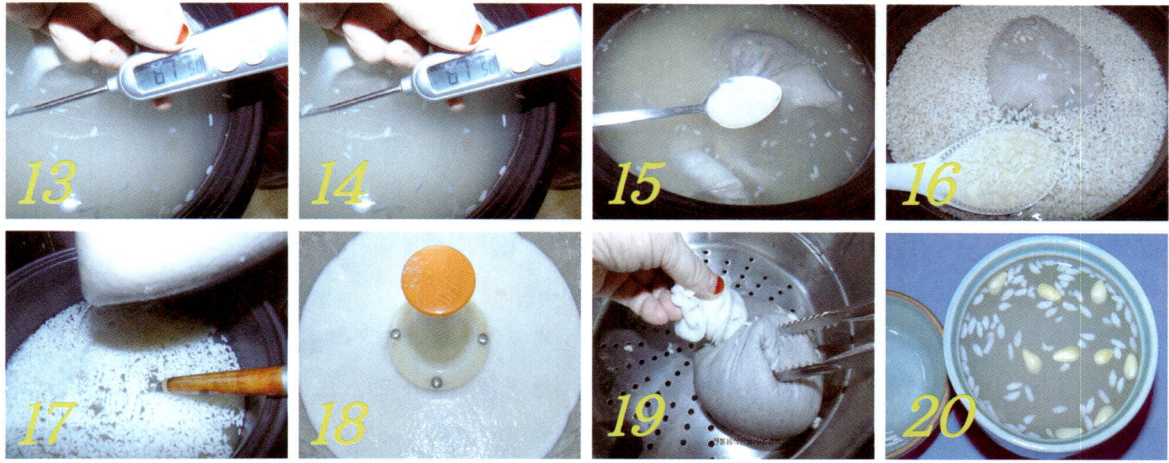

18. 엿기름 자루를 건져낸 다음 인삼을 곱게 갈아 넣습니다.
19. 자루의 엿기름물을 꼭 짜서 맑은 국물만 솥에 붓고 한소끔 더 끓여서 식히면 설탕을 더 넣지 않아도 맛있는 식혜가 됩니다.
20. 여기까지는 일반 식혜입니다.

아래부터는 기능성 식혜입니다.

단호박식혜

밥을 삭히는 과정까지는 위의 일반 식혜와 똑 같습니다. 중복을 피하기 위해 단호박을 넣는 데부터 올리겠습니다.

 단호박.

21. 단호박을 껍질을 깎고 갈라서 씨를 파내고 찜솥에 15분가량 찝니다. 껍질째 다 갈아 넣어도 되기는 하는데, 그러면 식혜 색깔이 거무죽죽해서 예쁘질 않습니다.

22. 호박살을 그냥 갈면 잘 안 갈아지니까,
23. 밥알 들어가지 않게 거름망을 놓고
24. 국물을 떠서 믹서에 붓고 단호박을 갈아 솥에 붓습니다.
25. 단호박을 넣은 후 2 시간 정도 더 보온으로 더 두었다가 엿기름 자루를 꺼냅니다.
26. 밥솥을 취사로 놓고 끓이면서 거품을 제거해도 되고 안 걷어내도 나중에 보면 다 사라집니다.
27. 28. 이때 끓이는 시간이 길수록 단맛이 더 많아집니다. 건더기를 자루에 걸러버리고 이 국물을 졸이면 조청도 되고 엿도 되는 것이니 달게 드시려면 식성대로 더 끓이면 됩니다.
29. 잘 끓인 다음 식혀서 병에 담아 냉장 보관합니다. 냉동실에 두거나 살짝 얼게 하면 오래 두어도 됩니다.
30. 식혜를 떠 그릇에 담고 먼저 헹구어 둔 밥알을 띄우면 보기 좋은 식혜가 됩니다.

다음은 고구마식혜입니다.

고구마 200g(그램), 쌀 700g, 엿기름 200g, 물 5L(리터).

31. 고구마를 따로 찌지 않고 쌀 찔 때 위에 놓고 쪄도 됩니다.
32. 33. 고구마식혜는 식이섬유가 많아서 소화도 잘 되고 변비도 해소시켜주는 기능성 식혜입니다.

다음은 단호박고구마식혜입니다.

식재료 :

단호박 200g(그램), 고구마 200g, 쌀 700g, 엿기름 200g, 물 5L(리터).

34. 단호박과 고구마를 1:1 비율로 넣었습니다.
35. 36. 식욕을 돋우는 노란색의 장점과 아래로 가라앉지 않는 고구마의 장점을 같이 지닌 식혜입니다.

다음은 녹두식혜입니다.

해독도 하고 간에 도움을 줄 수 있는 기능성 식혜입니다.

녹두 200g(그램), 쌀 700g, 엿기름 200g, 물 5L(리터).

37. 녹두를 잘 불려서 돌이 있을지 모르니 바가지로 일어서 앉힙니다.
38. 쌀 찔 때 위에 얹어 쪄서, 밥을 다 삭힌 후 녹두를 갈아 넣습니다. 빛깔은 고구마 식혜와 같습니다.

다음은 큰 수술을 받은 환자를 위한 작두콩식혜입니다.

작두콩은 몸속의 염증을 가라앉히는 작용을 한다고 합니다.

작두콩 200g(그램), 쌀 700g, 엿기름 200g, 물 5L(리터)

39. 40. 작두콩을 2~3일 동안 충분히 불린 다음 푹 무를 때까지 끓여 엿기름이 잘 삭고 있는 식혜에 함께 넣고 끓입니다.
41. 햄프씨드를 얹었습니다.
  이밖에도 감기 몸살이 오려할 때 먹으면 거뜬해질 수 있는 안동식혜, 장기에 결석증이 있을 때 먹으면 좋다는 엄나무식혜 등등 기능성 식혜가 많이 있습니다.

참으로 오랜만에 만들어보는 식혜입니다.
나의 둘째 아들은 식혜를 참 좋아했습니다. 엄마는 식혜를 어떻게 그렇게 일하는 것 같지도 않게 쉽게 만드느냐며 잘 먹던 아이였습니다.
그 아이가 집에서 가까운 곳의 중학교에 다니던 때는 물론이고 과학고 기숙사로 들어가서 일주일에 한 번씩 올 때도 그랬고, 서울대학교 기숙사에 머물면서 이따금 집에 올 때, 우리 집 냉장고에는 언제나 아이를 기다리는 식혜가 있었습니다.

아이가 대학 1학년 때 불의의 사고로 이 세상을 떠나게 되어 화장장에서 마지막 가는 아이를 놓지 못해 한없이 깊은 울음을 울고 있을 때, 누군가가 나의 탈진을 염려하여 캔 음료수를 건네주며 마시라 했습니다.
엉겁결에 받아든 그 음료가 식혜였다는 걸 안 순간, 하늘 끝까지 서러워 차마 그것으로 내 목을 축일 수가 없었습니다. 좀 전에 어미 곁을 영원히 떠난 아이가 너무나 좋아하던 음식인데, 자식 잃은 어미가 어찌 그것을 먹을 수가 있었겠습니까.

삼우제 날, 아이의 친구가 나에게 다가와서 하는 말이 우리 아이가 엄마의 식혜 이야기를 하는 것을 자주 들었다는 것이었습니다.

집에 가면 냉장고에서 늘 식혜를 꺼내 먹는데, 어느 때 먹더라도 다음에 다시 냉장고 문을 열면 언제나 똑같은 모습으로 식혜가 병에 하나 가득 리필이 되어 있더라고, 자기에겐 엄마의 식혜가 항상 무한 리필이라 하더랍니다.

함께 듣고 있던 친구들이 어머니의 식혜 맛 좀 자기들에게도 보여 달라고 했습니다.

그 친구들은 아이의 생일이나 기일에 많이 왔는데 그들에게 주려고 식혜를 만들 때마다, 이걸 내 아이가 같이 먹었으면 얼마나 좋을까 하는 생각에 식혜 국물만큼 많은 눈물을 흘리며 겨우겨우 만들었으니, 그 맛이 정상일 수가 없습니다.

그래서 차츰 식혜를 만들지 않았습니다. 간단히 쉽게 만드는 방법이야 잊지 않았지만, 아이 잃은 죄인 어미가, 어찌 아이가 좋아하던 것을 혼자 먹으랴 싶어서, 차마 그것을 만들 수가 없었습니다.

아이 떠난 지 15년이나 되었어도, 식혜를 만들어보려니 마음이 아직도 아리지만, 전통음식만들기 회원님들을 위해 식혜를 만들었습니다.

쉽고, 맛있고, 몸에 좋게 만드는 방법으로 올려드립니다.

모두모두 맛있게 만들어 가족들과 행복하게 명절 잘 쇠세요.

전통음식만들기 02 > 맹명희

돼지족발찜

식재료 :

큰 돼지 앞발 20개(5벌), 물은 재료가 충분히 잠길 만큼,
진간장 4컵, 과일청 2컵, 조청 반 컵, 참기름 조금.

만드는 법 :

1. 앞다리 짧은 발입니다. 판매자들이 토치 불에 태워 털 없이 잘 손질해줍니다.
2. 찬물에 담가 핏물을 뺍니다.
3. 냄새 제거를 위해 여러 가지 향신료를 넣고, 겉살이 익을 때까지 잠시 끓입니다.
4. 물이 끓으면 불에서 내리고, 족을 건져서 찬물에 깨끗이 세척합니다.
5. 발가락 사이는 이렇게 골절기로 반을 가르기 전에는 온전히 다 손질되기 힘듭니다. 남아 있는 표피나 털이 있는지 보고 또 보고 깨끗이 손질합니다.
6. 팔각, 후추, 계피, 월계수잎, 정향, 감초를 깨끗이 씻어서 망에 담아 솥에 넣고 진간장도 넣고 식욕을 돋울 수 있는 색상이 되도록 하기 위하여 포도로 만든 과일청도 넣습니다.

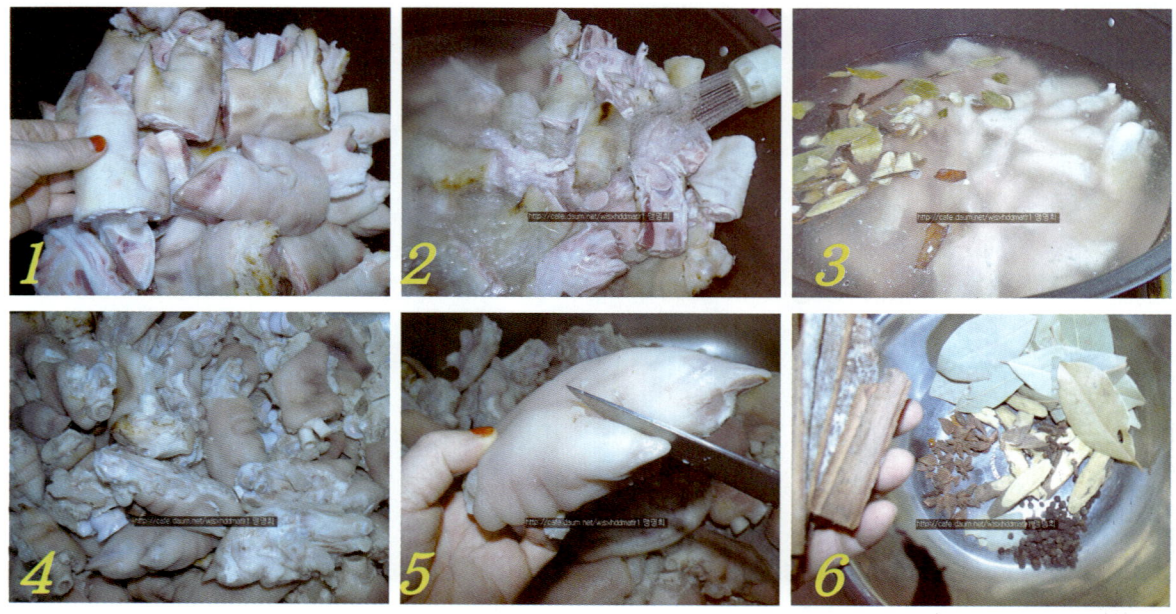

7. 반 양념을 한 후 은근한 불에 오래 끓입니다. 그래야 고기의 색상이 예쁘게 나옵니다.
8. 고기가 잘 무를 때까지 끓인 다음 고기를 건져놓습니다.
9. 고기를 건져낸 후, 국물에 뜬 기름기를 알뜰히 제거한 다음 국물을 졸여 물의 양을 적게 만듭니다.
10. 기름기를 제거한 국물이 1/3 정도로 졸아들었을 때 고기를 다시 넣고 조청, 참기름, 계핏가루, 후춧가루, 간 마늘, 생강 등으로 마지막 양념을 합니다.
11. 국물이 잦아들 때까지 저어가며 더 끓입니다.
12. 13. 윤기 나게 졸인 후 꺼내서 식힙니다.
14. 고운 잣가루를 뿌려,
15. 예쁘게 포장하면 선물로도 손색이 없습니다. 가끔은 지인들께 택배로 보냅니다. 이렇게 보내는 족발을 반갑게 먹어주는 친정집 큰오라버니의 건강이 고맙고, 맛있게 잘 먹었다는 지인들의 전화가 더없이 정겹습니다.

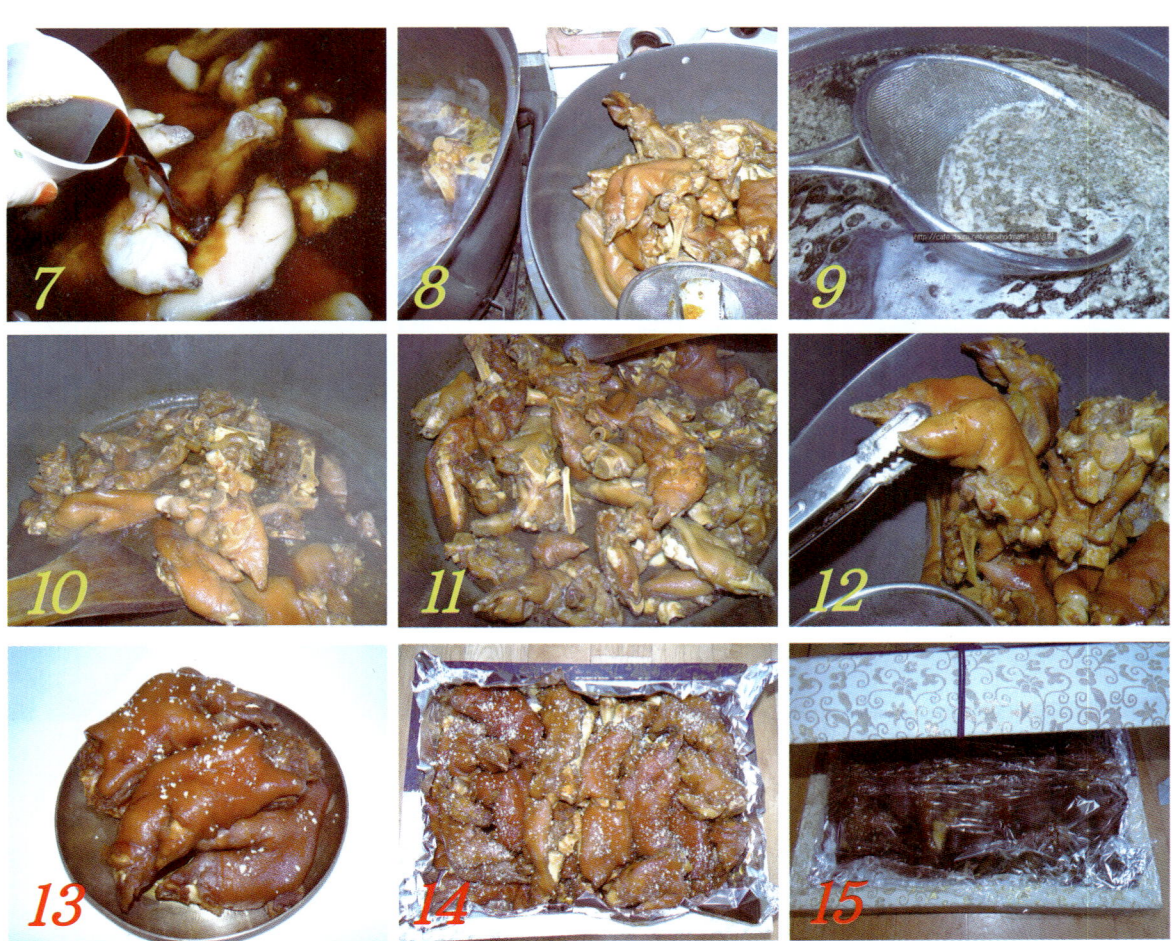

장족도 마찬가지로 만듭니다.

16. 이것 역시 표피나 잔털 남은 게 없는지 살펴보고,
17. 앞뒤로 샅샅이 돌아가며 불순물을 면도기로 깨끗이 다 제거합니다.
18. 이것도 발가락 사이에 있는 털이나 얇은 피막은 칼을 넣어 잘라내고 관절을 잘라 길이를 짧게 만듭니다.
    길이가 길면 엄청 큰 솥에 해야 합니다. 생강을 넣은 물에 잠시 끓여 국물은 버리고 고기를 건져 찬물에 깨끗이 씻어줍니다.
19. 20. 작은발 할 때처럼 영념하여 푹 익히면 됩니다.
21. 우리 손자 태어난 지 3일째 날입니다.
    돼지 족이 모유 수유하는 이들에게 좋다는 말이 있어 우리 손자 튼튼하게 잘 자라기를 기원하며 첫 아기 낳은 우리 며느리를 위해 만들었습니다.

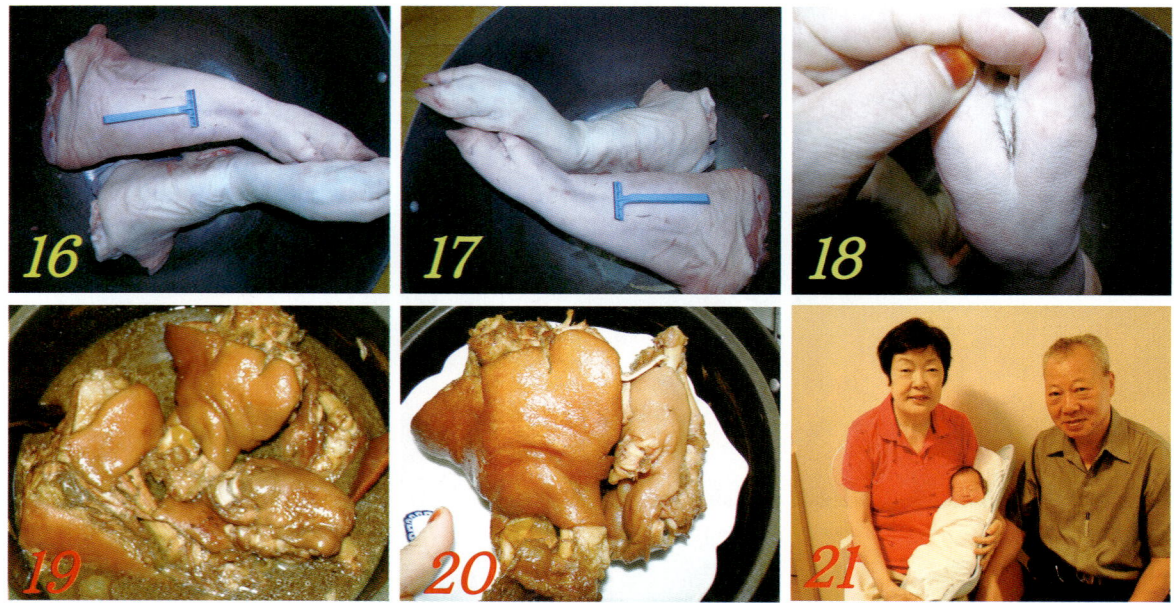

전통음식만들기 03 > 맹명희

양념꽃게장

"바닷게로 담근 게장은 꽃게장, 민물게로 담근 게장은 참게장이라고 합니다.
또 간장에 담근 게장은 간장게장, 양념장에 재워 바로 먹거나 하루 정도
두어 맛이 골고루 들었을 때 먹는 매운맛의 꽃게장은
양념꽃게장이라 합니다."

식재료 :

꽃게, 고추장 150g, 고춧가루 150g, 조청 200g, 마늘, 생강, 소금 1수저, 실백.

게는 살아있는 것을 그냥 손질하려면 눈을 내밀고 바라보며 집게발을 들고 덤벼들어 무섭고, 등딱지 열기도 엄청 힘듭니다.

잠시 급냉동시켰다가 녹여서 손질을 하면 사망을 한 상태라 반항도 없고 등딱지 분리하기에 힘도 덜 들어 손질하기 좋습니다.

만드는 법 :

1. 꼬리를 젖히고 솔로 문질러 구석구석 잘 닦습니다.
2. 등쪽에서 다리도 잘 닦아줍니다.
3. 꼬리는 끝을 눌러 검은 똥을 뺍니다. 양념게장을 할 때는 이 부분은 바로 떼어 버리니까 괜찮지만 간장게장을 할 때는 필히 빼야 합니다.
4. 등딱지와 몸통을 분리합니다.
5. 게의 아가미입니다. 아가미 떼어낸 부분을 잘 긁어내고 그 부분만 흐르는 물에 살짝 씻어줍니다.
6. 그 이유는, 게의 아가미 속에 사는 생물 때문입니다.
7. 다 있는 건 아니지만 대부분 게의 아가미 안쪽에는 다른 세상의 생물이 살고 있습니다. 사람의 집 처마 밑에 집을 짓고 사는 제비처럼 게에게 해를 주지 않으면서 게의 아가미 속에 사는 생물입니다. 다 제거하고 아가미 있던 자리를 깨끗이 닦아줍니다.
8. 등딱지에 붙어 있던 살을 모두 긁어내립니다.

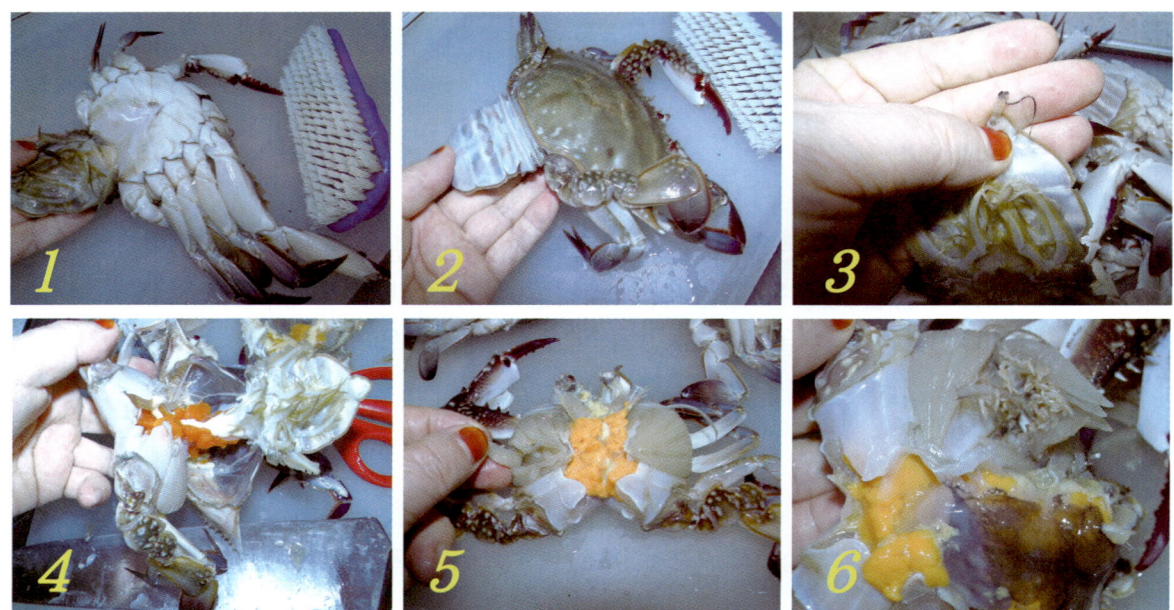

9. 게의 위장입니다. 요걸 필히 뽑아내야 합니다.
10. 요렇게 잘 보일 수도 있지만 다른 쪽에 붙어서 잘 안 보일 수도 있으니 잘 찾아서 꺼내버려야 합니다.
11. 등딱지에 들어있던 살을 다 빼냈으면 먼저 식초를 한 방울 넣으면 탄력이 생겨서 양념에 버무려지는 동안 터지지 않아 좋습니다.
12. 소금도 조금 넣어줍니다.
13. 큰 다리는 떼어내어 따로 손질을 해 놓습니다. 이게 몸통에 붙어 있으면 그게 불편해서 안 집어가는 수가 있으니 따로 떼어서 칼등으로 두들겨 억센 팔뚝을 부드럽게 한 다음 같이 넣으면 먹기 좋습니다.
14. 몸통 손질입니다. 잘 드는 큰 칼로 잘라야 살이 으깨지지 않습니다.
15. 양념을 준비합니다. 고추장 150g, 고춧가루 150g, 조청 200g, 마늘, 생강, 소금 1수저.
16. 그냥 저으면 물기가 없어서 잘 안 됩니다. 등에서 나온 살을 거름망에 담아 국물 나오는 걸 고춧가루 양념에 넣으면 수분이 충분히 들어가서 양념의 농도가 알맞게 됩니다.
17. 18. 잘 섞어줍니다.

19. 등껍질 속에 들어 있던 알입니다. 무치기 전에 처음부터 이걸 섞으면 다 부서지기 때문에 다른 거 다 무쳐진 다음에 넣어야 좋습니다.
20. 큰 다리를 먼저 양념에 넣고 버럭버럭 저어줍니다.
21. 다듬어 놓은 몸통을 넣습니다.
22. 23. 자른 몸통을 넣은 다음엔 살근살근 저어줍니다.
24. 25. 양념이 고루 버무려지면 등에서 나온 알을 넣습니다.
26. 이제는 몸통을 넣었을 적보다 더 살근살근 저어야 됩니다.
    버럭버럭 주무르면 살이나 알이 다 으스러지고 맙니다.
27. 실백도 넣습니다.
28. 보관용 통에 담아 냉장 보관을 합니다. 하루 지나면 밥상에 올릴 겁니다.
29. 밥 먹읍시다!
30. 맛있는 양념게장이 완성되었습니다. 만들어 바로 냉장 보관하고, 하루 지나 양념이 고루 배인 다음 먹습니다.

전통음식만들기 04 > 맹명희

젓갈고추장

"젓갈고추장은 고춧가루와 메줏가루를 섞어서 고운체로 친 다음 과일청과
액젓을 넣고 고루 섞어주기만 하면 고추장 담그기가 끝납니다.
재료만 준비되면 5분 만에도 충분히 만들 수 있는 것이
젓갈고추장입니다."

고춧가루 : 2kg(고추장이 완성되면 13kg의 젓갈고추장이 나옵니다).
청국장 가루나 메줏가루 : 1kg.
액젓 : 4L(리터).
물엿 : 500g.
과일청 : 4L(시거나 검은색이 나지 않는 야채나 과일로 만든 것).

위의 재료를 고루 섞기만 하면 되는데, 이것을 작은 그릇 여러 개에 담아놓고 쓰시면 편리합니다.

이 방법은 이미 오래 잘 발효된 재료들로 만들기 때문에, 만든 즉석에서도 오래 숙성된 것처럼 깊은 맛이 나고, 볕 좋은 날을 찾아 볕에 내다놓거나 뚜껑을 열어놓을 필요도 없고, 거실이나 주방 한 쪽에 편하게 두어도 곰팡이가 생기지 않습니다.

만드는 법 :

1. 2. 고춧가루와 메줏가루를 섞어서 고운체로 쳐놓은 다음 과일청과 액젓을 넣고 고루 섞어주기만 하면 고추장 담그기가 끝납니다.
3. 4. 재료만 준비되면 5분만에도 충분히 만들 수 있는 것이기 때문에 한꺼번에 많이 만들 필요가 없습니다.

고추장이나 된장은 장독대에 놓고 햇볕과 지열에 익히고 표면의 수분을 말려가면서 숙성시키는 것이 일반적인 재래 방법입니다.

그러나 도시 아파트에서는 양지바른 장독대 같은 환경을 만들 수가 없기 때문에 아주 특별한 경우가 아니면 고추장에 곰팡이가 많이 납니다. 뿐만 아니라 이동하거나 퍼 옮기면 재발효를 하며 끓어 넘칩니다. 그래서 점점 고추장이나 된장을 집에서 담가먹는 이들이 적어지고 공장 제품을 사서 먹습니다.

저 역시 도시에 살다보니 열심히 잘 단속을 해도 으레 발생하는 곰팡이 때문에 많은 고민을 했습니다. 그래서 도시 아파트에서도 쉽게 만들 수 있고, 방부제가 없어도 곰팡이가 나지 않는 방법을 개발하게 되었습니다.

주변에서는 이 고추장을 특허 내라는 권고를 많이 합니다만 저는 특허를 내서 혼자 담글 생각도 없고, 이것으로 경제적 이익을 챙길 생각도 없습니다.

그저 많은 주부들이 자기가 좋아하는 좋은 재료를 이용하여 자기 손으로 직접 맛있는 고추장을 담가 먹을 수 있기를 바라며, 이 방법을 카페에 공지글로 자세히 공개해 두고 있고 방송이나 모임에서 강의를 필요로 할 때 언제든 찾아가 기꺼이 알려드리고 있습니다.

5. 이렇게 작은 그릇에 담아놓으면 하나씩 꺼내먹기도 좋지만 특히 누구에게 주고 싶을 때 편리합니다.
6. 7. 여기 넣기 전에 이미 몇 집에 나눔 했지만 이것도 우리 가족끼리 먹기엔 너무 많습니다.
8. 항아리 뚜껑만 덮어놓으면 날짜가 경과 돼 오래 되면 표면이 좀 마르는데 랩으로 덮으면 마르지 않아 좋습니다.

전통음식만들기 05 > 맹명희

전통주 담그기

"설날 제주로 쓸 약주를 담갔습니다. 처음하시는 분들을 위하여 날짜와 시간을 실제로 한 것 그대로 올립니다."

찹쌀 5kg, 누룩 1kg, 생수 7.5L(리터), 인삼, 대추.

찹쌀이 멥쌀에 비해 당화되는 시간이 절반 정도밖에 안 되기 때문에 찹쌀로 하는 것이 술이 더 달고 독할 수 있습니다.

1월 14일 시작하는데, 2월 19일이 설이니까 앞으로 34일 남았습니다.

만드는 법 :

1. 1월 14일, 쌀을 담갔습니다. 쌀은 불기 전에 여러 번 잘 씻어야 쉽습니다. 쌀이 다 불으면 부피가 많이 늘어나서 씻기도 힘들고, 물도 더 많이 듭니다. 쌀이 충분히 잘 불은 다음에 다시 몇 번 더 헹구고 건져서 물기를 충분히 뺍니다.
2. 1월 14일 저녁에 찜솥에 담아 술밥을 쪄 놓았습니다. 하룻밤 동안 충분히 식을 겁니다. 술밥이 덜 식은 걸로 술을 담그면 효모균이 열에 데어서 제대로 발효되질 못합니다.
3. 술밥을 찌는 한편, 술 담글 독에 해당량의 누룩과 물을 다 넣고 잘 저어 수화시켜(물과 잘 섞어준다는 뜻입니다) 놓습니다.
4. 15일 아침, 잘 식은 고두밥에다 수화된 누룩을 퍼붓고 잘 섞어서 모두 술독에 넣습니다. 인삼, 대추는 생것으로 넣어야 향이 더 좋습니다.
5. 고두밥에 누룩 물을 다 부어 섞어놓았을 때, 처음에는 물이 잘박잘박한 듯하지만 고두밥이 불으면 비빔밥보다도 뻑뻑해지는데 이때 물을 더 부으면 안 됩니다.
6. 뚜껑을 덮어두었습니다. 1월 15일 오전 9시에 담금을 끝마쳤습니다.
7. 거실 현재 온도 17도. 금방 담갔을 때 술독 중심 부분 온도 20도.
8. 거실 온도가 17도밖에 안 되지만, 항아리를 이불로 싸주는 등의 온도를 높여주지 않는 것이 좋습니다.

9. 20시간이 지났습니다. 이제는 손으로 젓지 않고, 국자로 저어도 될 만큼 물이 많이 생겼습니다.
10. 1월 18일. 그새 찰고두밥이 하나도 남지 않고 다 삭았습니다. 30도 가까이 올라갔던 품온이 내려가고 당화가 잘 돼서 단맛이 많이 납니다. 이대로 며칠 더 두었다가 걸러 먹어도 됩니다만, 더 좋은 맛의 술이 되게 하기 위하여 덧술을 준비합니다. 찹쌀 3kg을 물에 담갔습니다. 저녁에 쪄두었다가 다음날 넣을 겁니다.
11. 1월 19일. 찹쌀 3kg을 뿌연 물이 나오지 않을 때까지 여러 번 씻어놓습니다.
12. 그다음, 단호박을 깨끗이 씻어서 함께 쪘습니다.
13. 1월 20일 오전. 술독의 술을 퍼서 식은 고두밥에 붓습니다.
14. 술이 아직 알코올 도수는 약하지만 밥알은 다 삭았습니다.
15. 16. 호박을 따로 꺼내 잘게 부수면 더 쉽습니다만 그냥 섞어서 주물러도 됩니다.
17. 호박이 큰 덩이가 없도록 잘 주물러 섞은 다음 독에 남은 술을 다 부어 고루 섞어 다시 독에 부었습니다.
    1월 20일. 다시 덮어둡니다.
18. 21일. 어제 넣은 술밥 때문에 조금 되직합니다.
19. 24일. 이제 다시 묽어졌습니다. 아직 밥알이 덜 삭은 게 있기는 하지만 달착지근하고 맛있습니다. 발효되면서 많이 부풀어 오르는데, 자주 저어주어야 고루 잘 발효가 됩니다.
20. 젓기 전의 모습입니다. 기포가 올라오며 대추들을 밀어내서 대추가 한곳으로 몰려 있습니다.
    이날 거실 온도 18도.

20. 2월 2일 저은 직후의 모습. 이제 걸러도 되겠습니다.
21. 2월 6일. 아직도 못 걸렀지만 꼭 언제 걸러야 한다는 건 없으니 아무 때라도 시간 있을 때 거르면 됩니다. 용수를 박고 맑은 술을 뜨면 용수 사이로 빠져나온 밥알이 동동 뜨는데, 밥알이 떠 있는 술을 동동주 혹은, 개미알이 떠 있는 것 같다 하여 '부의주'라고 합니다. 영업하시는 분들이 유원지 근처에서 막걸리에 사과 조각 몇 개 띄워놓고 동동주라며 판매를 하는데, 그건 동동주라 할 수 없고, 이렇게 맑은 술에 저절로 밥알 몇 알 떠 있는 게 동동주입니다.
22. 23. 24. 거르기 준비. 자루, 찜솥, 물 2L(리터), 양푼 하나를 준비해 놓습니다.
25. 대충 짜지면 양푼에 놓고, 26. 27. 준비된 물을 부어가며 주물러줍니다.
28. 다시 양푼에 붓고 물을 더 부어 주물러 짭니다. 29. 나중에 나온 술을 먼저 나온 술에 함께 붓고,
30. 맷돌 하나 얹어 놓으면 술이 알뜰히 나옵니다.
31. 충분히 짜졌다고 생각되면 맷돌을 내리고,
32. 술맛을 봅니다. 이때 모든 게 조절돼야 합니다. 향을 내고 싶으면 향기 나는 과일청이나 꿀을 좀 넣으시고 너무 독하다 싶으면 물을 더 붓습니다. 이거보다 더 독하게 먹고 싶으면 도수 높은 증류주를 넣는 등 술을 먹을 이들에게 맞추어 조절을 다 합니다.
33. 저는 개복숭아청을 조금 넣어 단맛과 향을 냈습니다. 이대로는 탁주입니다. 이대로 먹어도 좋으나 침전시켜 맑은 술로 만들면 더 고급술이 됩니다.

탁주를 맑은 술로 만들기

34. 맑은 술로 먹을 것은 거를 때 가수를 많이 하면 안 좋습니다. 술을 모두 한곳에 담아 며칠 침전을 시킵니다.
35. 중간에 한 번쯤 저어주고 다시 침전시킵니다.
36. 술독을 잘 닫아 둡니다. 일주일가량 침전을 시킨 다음 병에 담아 냉장 보관합니다.
37. 일주일쯤 지나면 술맛은 더 좋아지고 도수 높은 맑은 술이 됩니다.
38. 설 임박해서, 차례를 지내는 친척 친지들께 보내드렸습니다. 명절에 오셔서 이 술 드신 조상님들 편안하게 지내시기 바라는 마음입니다.

    이렇게 충분히 익은 술은 먹은 후 머리가 아프거나 뱃속이 부글거리는 일 없이 뒤끝이 아주 깨끗합니다.

전통음식만들기 06 > 맹명희

오징어젓 담그기 / 오징어젓 무치기

오징어젓 담그기

 :

자잘한 오징어, 소금(손질된 오징어 무게의 30%).

만드는 법 :

1. 젓을 담가먹을 오징어는 큰 것보다는 자잘한 것이 맛있습니다.
2. 배를 가르고 내장을 뺍니다. 이렇게 자잘한 것은 알도 없고, 아가미는 찾기 어려울 만큼 작아서 위장과 먹물통만 빼내면 됩니다.
3. 주둥이, 눈, 등뼈는 다 익은 후, 무쳐 먹으려고 썰 때 빼도 됩니다.
4. 많은 양일 때는 손질하는 동안에도 변질될 수 있으니 얼음 팩을 넣으면서 일을 합니다.
5. 손질된 오징어의 무게를 달아봅니다. 이건 손질 전에는 10kg이었는데, 손질하니 8킬로가 되었습니다.
6. 7. 8. 준비된 소금의 1/3을 남겨놓고 2/3 분량의 소금을 오징어에 넣고 잘 섞어줍니다.
9. 언뜻 보기에 이 정도의 소금이 보이면 괜찮을 듯하지만 눈대중으로 하면 음식을 망칠 수가 있으니 반드시 정량의 소금을 미리 준비해 놓고 넣어야 합니다.
10. 독 바닥에 약간의 소금을 뿌린 다음,
11. 12. 소금에 버물려 놓은 오징어를 독으로 퍼 담습니다.

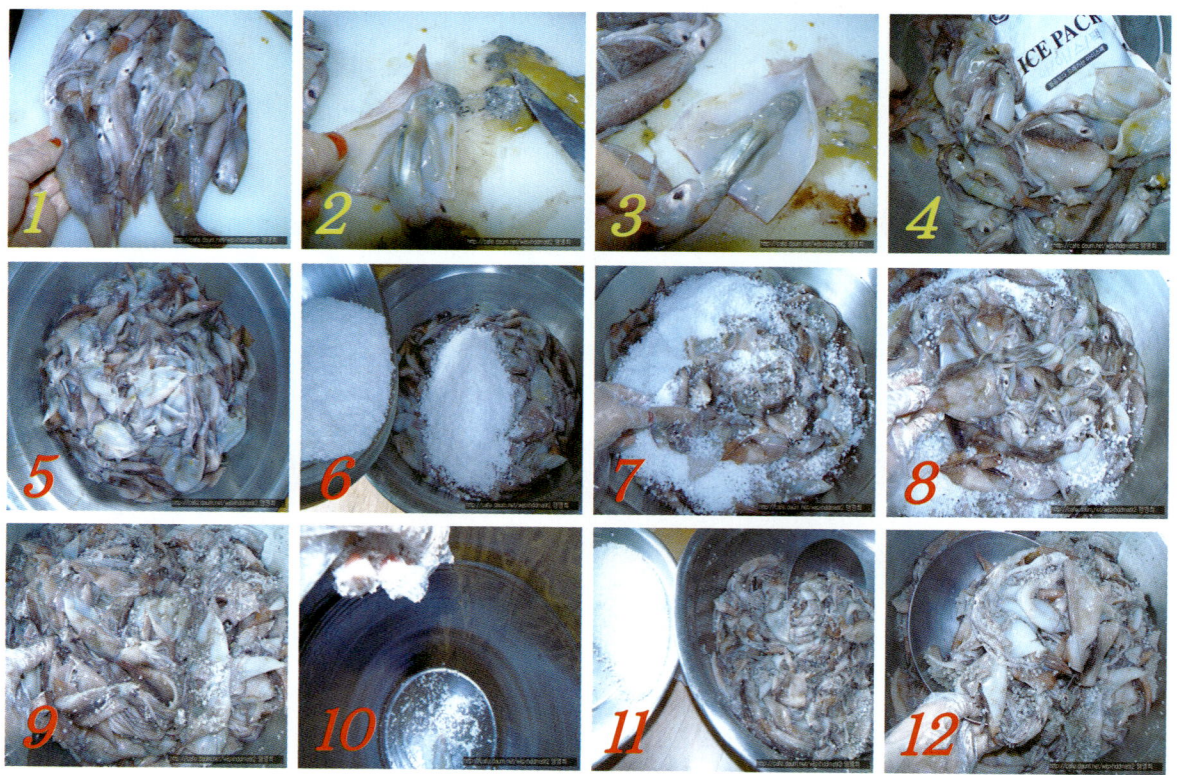

13. 독에 퍼 넣은 오징어를 꼭꼭 눌러놓고,
14. 남겨두었던 소금을 모두 그 위에 붓습니다.
15. 발효되는 사이, 오징어들이 수영하러 올라오지 않도록 소금 위에 막대를 얹고,
16. 17. 18. 돌로 눌러놓습니다.
19. 동그랗게 배가 부른 항아리는 속에 든 것을 먹어 내려갈수록 위에 얹었던 막대의 길이가 부족해져서 윗면이 덮여지질 않고 공기에 노출이 되는 단점이 있습니다. 그러므로 이렇게 일자로 올라간 항아리들이 음식물을 오래 보관하고 먹기에 더 좋습니다.
20. 아주 작은 초파리도 들어가지 못하게 랩으로 씌우든지 비닐을 덮고 고무줄로 매어놓습니다. 그래도 이 정도는 공기가 새어나갈 여유는 있으니 폭발 염려는 안 해도 됩니다.

오징어젓 무치기

짜게 잘 담근 오징어젓은 몇 년을 두고 먹어도 괜찮습니다.
오징어젓을 무치는 고춧가루는 김치용보다 곱게 빻은 것이 좋습니다.

21. 22. 잘 익은 후 꺼내서,
23. 오징어의 부리를 찾아 제거하고 긴 다리는 적당히 자르고 몸통은 잘게 채 썰고 물에 몇 번 헹구어 염도를 맞춥니다.

24. 작은 오징어는 살이 얇아서 염기가 쉽게 빠집니다.
25. 양념을 준비합니다. 고춧가루, 마늘, 생강, 꿀, 볶은 깨, 매실청.
26. 꿀을 먼저 넣습니다.
27. 28. 나머지 양념을 고루 넣고,
29. 30. 31. 32. 33. 손으로 조물조물 무쳐주면 더 맛있게 됩니다.

 본문 속에 나오는 인용서 살펴보기

■ 초학기初學記란 어떤 책인가?

본문 62면에 인용되는 <초학기(初學記)>란?

　당나라 현종이 여러 황자의 작문 때 참조하기 위한 고사를 위해 편찬한 책이다. 그래서 서명도 초학기(初學記)라 이른 것이다. 그 편찬과 관련되는 기록으로는 대당신어(大唐新語) 권 9에 실려 있는데, 이 기록에 따르면 현종이 장설(張說)에게 "아이들이 학철문(學綴文)을 하려 하면 모름지기 검사(檢事) 및 간문체(看文體) 해야 하는 법. 어람(御覽)과 같은 유는 부질(部帙)이 이미 커서, 심토초난(尋討稍難)하다. 경이 여러 학사(學士)와 함께 요사요문(要事要文)을 찬집하여 이류상종(以類相從)케 하라. 무취성편(務取省便)하여, 아이들로 하여금 쉽게 견성취(見成就)케 하라."고 명했으며, 이에 서견(徐堅)이, 위술(韋述) 등과 함께 이 책을 지어 진상하니, 이름을 초학기라 했다고 전하고 있다.

　이 기록처럼 초학기는 당나라 초의 학자 서견 등이 황제의 명을 받들어 편찬한 유서(類書)로, 지금의 백과사전과 비슷한 책이다. 30권으로 구성되어 있다. 수나라 이전의 경사자집 등 각종 전적에서 시문들을 뽑아서 23부 313항목(項目)으로 분류해 수록했다.

　처음에는 작시문(作詩文)을 위한 참고서(參考書)로 편찬한 것이지만, 이미 산일(散逸)한 서적에서의 인용(引用)이 많아, 학문 연구상 중요한 자료로 이용되어 왔다.

　여기서 말하는 경사자집이란 중국의 옛 서적 가운데 경서(經書)·사서(史書)·제자(諸子)·문집(文集)의 네 부류를 아울러 이르는 말이다.

제 2 부

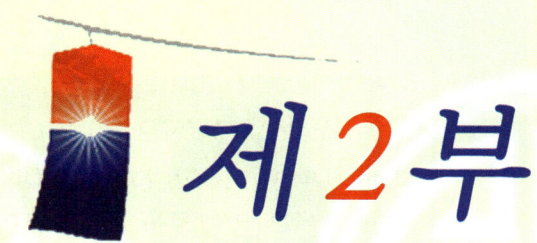

050 강금옥
간장게장

054 강미자
찹쌀고추장 담그기

058 공경옥
북어포조림
미역국

066 길정자
오골계탕
인삼소불고기

074 김경숙
보쌈김치
도루묵튀김과 강정

080 김금순
단풍깻잎
우렁이쌈장과 즉석무침

090 김명자
함경도 가자미식해
가지찜

98 김병수
우리 집 이북식 김치
이북식 가마솥김치밥

106 김소정
진주완자

108 김송희
연잎밥

112 김수경
곶감지짐

116 김순남
탕평채
쑥갠떡(쑥절편)

강금옥

01. 간장게장

전통음식만들기 07

간장게장

"간장게장은 게에 간장을 달여서 부어 삭힌 저장식품으로
'게젓'이라고도 부릅니다. 1600년대 이전부터 담가 먹었던 전통 음식으로,
오뉴월 한창 알을 배고 있는 게로 담가야 제 맛입니다. 잘만 보관해두면
1년 내내 알이 배어 있는 게장을 맛볼 수 있습니다."

간장게장은 제가 제일 좋아하는 음식 중 하나입니다.
간이 삼삼하게 밴 게 한 마리면 다른 반찬은 필요가 없습니다.
간장게장용 꽃게는 알배기 암게가 적격입니다.

식재료 :

꽃게, 알 후추, 감초, 월계수잎, 대추, 배, 사과, 청양고추, 마늘, 생강, 맛간장, 소주, 미림.

만드는 법 :

1. 깨끗하게 손질하여 적당한 용기에 담고 알 후추, 감초, 월계수잎, 대추를 넣어줍니다.
2. 각종 부재료를 준비합니다. 배, 사과, 청양고추, 마늘, 생강 등.

3. 손질해 놓은 꽃게 위에 넣고 간장을 준비합니다. 적당히 염기를 낮춘 맛간장에 소주, 미림 등을 넣고 간을 맞춰줍니다.
4. 간을 맞춘 간장을 준비된 꽃게에 부어준 뒤 2~3일 숙성시킵니다. 2~3일 후 간장과 부재료를 끓여줍니다. 간장이 완전히 식은 후 부재료를 버리고 간장만 꽃게에 부어줍니다. 약 2일 정도 더 숙성을 시킨 뒤 맛있게 드시면 됩니다.

5. 3일 후 간장을 끓여줍니다. 끓인 간장은 식힌 후 다시 부어줍니다.
6. 7. 맛있게 간이 밴 간장게장입니다.

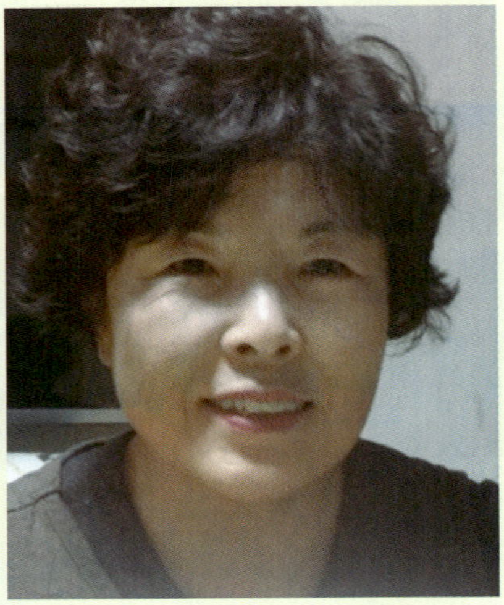

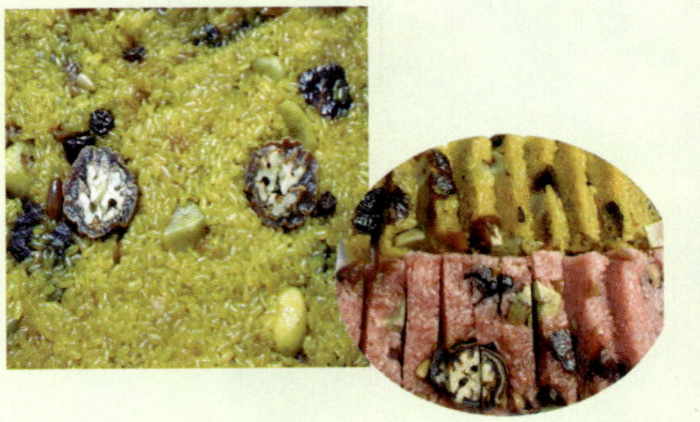

전통음식만들기 08

찹쌀고추장 담그기

"예로부터 전해오는 고추장은 메줏가루에 질게 지은 밥이나 떡가루 또는 되게 쑨 죽을 버무리고 고춧가루와 소금을 섞어서 만든 장(醬)을 말합니다. 전통 고추장은 재료와 만드는 법이 지방에 따라 다양하게 발달되어 있으며, 찌개 · 매운탕 · 생채 · 조림의 양념이나 회 · 강회의 양념으로 쓰입니다. 특히 생선의 비린내를 없애주므로 생선조림이나 찌개에서는 필수적으로 들어가는 양념입니다. 뿐만 아니라 약고추장과 같이 고기를 넣고 볶은 것은 밑반찬으로도 많이 애용됩니다."

🟠 식재료 :

고춧가루 5kg, 메줏가루 2kg, 엿기름 1kg, 조청 5kg, 소금 2.5kg, 찹쌀가루 4kg.

🟣 만드는 법 :

1. 먼저 엿기름을 따뜻한 물에 30분 정도 담가두고,
2. 아래 사진 2의 재료 및 소금을 준비했습니다.
3. 자루에 엿기름을 넣고 팍팍 주물러놓습니다.
4. 먼저 받아놓은 엿기름물을 큰 솥에 넣고(12리터 정도) 찹쌀가루 2kg을 넣고 은근히 끓이다가 센 불로 팍팍 끓여서 좀 졸여줍니다.

5. 나머지 2kg의 찹쌀가루는 미지근한 물로 반죽을 합니다(소금 간을 하지 않은 찹쌀가루입니다).
6. 조청도 엿기름물을 2리터 정도 넣고 함께 끓여줍니다.
7. 다른 한편에 엿기름물이 끓으면 찹쌀 반죽한 것을 도넛 모양으로 빚어서 넣어줍니다. 다 익으면 저렇게 동동 뜬답니다. 이때 사용한 엿기름물은 고춧가루를 반죽할 때 반죽이 되직하다고 생각되면 넣을 것이라 버리지 않습니다. 엿기름물은 넉넉하게 마련합니다.
8. 동동 뜬 찹쌀 반죽을 큰 그릇에 놓고 뜨거울 때 팍팍 치대면 꽈리가 납니다.
9. 위의 것과 반죽을 치대다보면 양이 많아서 힘들 때는 끓여놓은 엿기름물을 조금씩 넣어가면서 치대면 쉽게 풀어집니다.

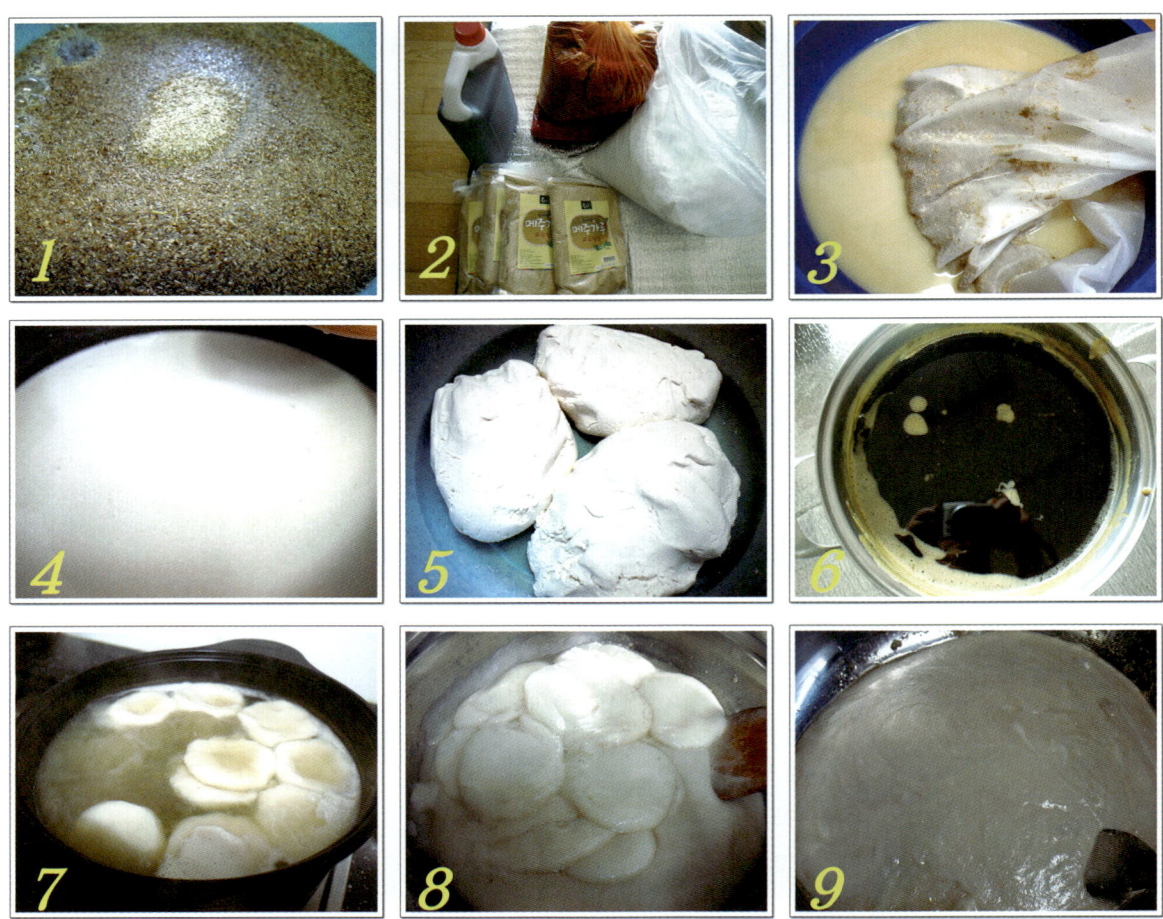

10. 찹쌀떡이 잘 치대지면 조청과 아까 끓여놓은 엿기름물을 넣고 다시 한 번 팍팍 골고루 저어주면 곱게 풀어줍니다.
11. 그런 다음 메줏가루와 소금 2kg 정도를 따뜻할 때 넣어야 메줏가루 냄새가 덜 나고 소금도 잘 녹습니다. 이때도 큰 주걱으로 잘 저어줍니다.
12. 메줏가루가 풀어지면 고춧가루를 넣고 열심히 저어주면서 반죽이 뻑뻑하다고 생각되면 끓여놓은 엿기름물을 조금씩 부어가면서 저어줘야 합니다.
13. 잠시 두면서 간을 맞춰야 합니다. 내 입에 맞다고 금방 항아리에 담지 마시고 하룻밤 재워두었다가 다시 한 번 간을 맞춘 다음 항아리에 담습니다.
14. 항아리는 속에다 볏짚을 조금 태운 다음 마른 행주로 깨끗이 닦아줍니다.
15. 큰 항아리 하나 담고 보니 남아서 작은 항아리에 담았습니다.
16. 17. 강릉이 고향인 저는 어릴 때부터 먹어왔던 장맛을 잊지 못해 묵혀서 먹습니다. 친정어머님의 옛날 솜씨가 그리워지는 지금, 이렇게라도 할 수 있어 행복합니다.

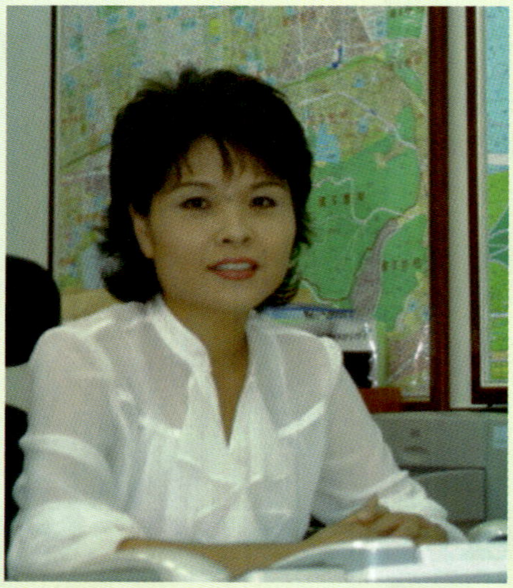

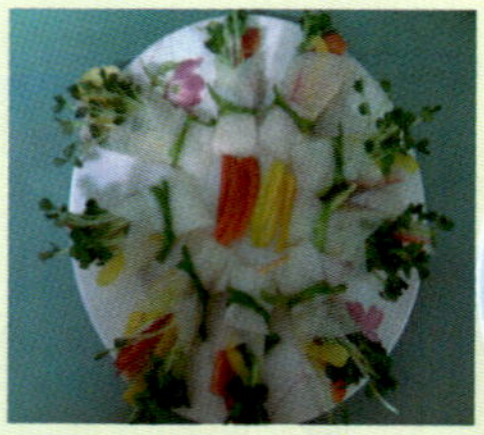

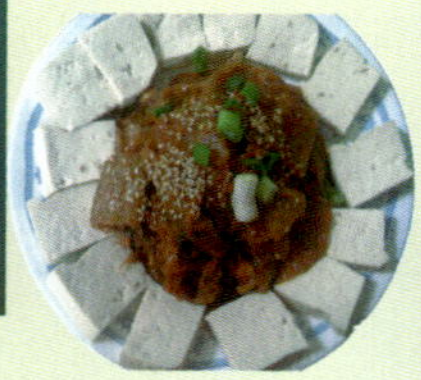

전통음식만들기 09

북어포조림

　시어머님 혼자 계시는 시골에 가는 남편 편에 제가 못 가는 대신에 반찬을 몇 가지 해서 보내드립니다. 혼자 계시니 반찬에 소홀해지게 되고 그러다 보니 잘 드시지도 못하고 그걸 보는 자식된 마음으로 항상 마음에 걸립니다.
　가까이 계시면 일주일에 한 번씩이라도 반찬을 해다 드리면 좋을 텐데 멀리 계시니 이렇게 내려갈 때라도 늘 반찬을 보내드립니다.

　지난번에 오리탕, 간장게장, 북어포조림을 해서 보내드렸지요. 그 후 얼마 지나 어머님께 전화가 왔어요.

"네가 보내준 북어포조림을 너무 맛있게 먹었는데 다 떨어졌다."

"아, 그래요? 어머님, 또 해서 보내드릴 게요."

"아니다, 바쁜데 그냥 둬라!"

　말씀은 그렇게 하시지만 전화를 했을 때는 드시고 싶은 마음이 있었으니 전화를 하셨겠죠.

　그런 전화를 받고 어찌 그냥 모른 체 할 수가 있겠어요.

　그렇지만 저만큼 바쁜 사람도 없으니 계속 시간이 지나고 드디어 지난 주 일요일에 북어포조림을 했습니다.

식재료

북어포, 식용유, 고춧가루, 고추장, 다진 마늘, 맛술, 다진 생강, 홍고추청, 올리브유, 물엿, 참기름, 볶은 깨, 대파.

만드는 법 :

1. 북어포를 적당한 크기로 잘랐습니다.
2. 잘라 놓은 북어포를 물에 불렸다가 물기를 빼서 준비합니다.
3. 오목한 팬에 식용유를 넣고 볶기 시작합니다.
4. 볶다가 보면 북어가 오그라들면서 작아집니다.
5. 고춧가루, 고추장, 다진 마늘, 맛술, 다진 생강, 홍고추청 약간 넣고 골고루 뒤적여주며 다시 졸입니다.
6. 어느 정도 졸여지면 올리브유를 넣고 약한 불로 은근히 졸입니다.

7. 8. 은근한 불로 졸이다 보면 점점 색깔이 예쁘고 윤기가 나지요? 이때 물엿을 넣고 다시 살짝만 졸입니다.

9. 10. 11. 다 졸여진 후 참기름과 볶은 깨와 대파 송송 썬 것을 넣고 뒤적여줍니다.

12. 윤기가 나며 부드럽고 맛 또한 좋습니다.

전통음식만들기 10 > 공경옥

미역국

"중국 당(唐)나라 서견(徐堅)이란 사람이 현종(玄宗)의 칙명을 받아 편찬한 <초학기(初學記)>란 유서(類書 : 백과사전)에 "고래가 새끼를 낳은 뒤 미역을 뜯어먹은 후 산후의 상처가 빨리 낫는 것을 본 고려인들이 산모에게 미역을 먹인다."는 기록이 있습니다. 또 1927년 이능화(李能和)가 쓴 조선시대 여성들의 풍습을 기록한 <조선여속고>에는 "산모가 첫국밥을 먹기 전에 산모의 방 남서쪽을 깨끗이 치운 뒤 쌀밥과 미역국을 세 그릇씩 장만해 삼신(三神) 상을 차려 바쳤는데 여기에 놓았던 밥과 국을 산모가 모두 먹었다."는 기록이 전해지고 있습니다. 이런 전통적 풍습 때문인지, 미역국은 "태어난 날"을 상징하며, 아이를 낳은 산모가 제일 먼저 먹는 전통음식입니다."

잊지 못하는 시어머님의 산후조리 미역국

미역국은 흔히 먹는 국이지만, 저에게 미역국은 지금도 잊지 못하는 음식으로 남아 있습니다.

저는 시어머님 친구 분 중매로 맞선을 보게 됐고 맞선을 본 이후로 남편보다 시어머님의 적극적인 공세에 결혼을 하게 되었습니다.

1984년 4월에 결혼식을 올리고 저는 시댁에서, 남편은 직장이 있는 서울에서 생활을 했답니다. 맏며느리라고 시집 가풍도 익히고 시댁 식구들과 정도 쌓아야 한다며 몇 개월만 그렇게 떨어져 살라고 하셔서 그냥 그렇게 떨어져 지내게 됐죠.

지금 이 시대에 결혼 후 그렇게 떨어져 그것도 시골에서 살라고 하면 '과연 누가 살까?' 하고 생각해봅니다. 아무도 안 살겠지요?

그렇게 시어머님과 고부간이 되면서 저는 지금까지 32년을 큰 다툼 없이 얼굴 한 번 붉히지 않고 고부간의 큰 갈등 없이 지내고 있습니다. 시어머님의 인자하시고 이해심이 많은 덕분이지요.

저희 시어머님은 농촌에 사시지만, 다른 분들보다 신세대였고 많이 깨이신 분이시고 음식 솜씨도 남달라 동네 잔칫집에 시어머님이 빠지면 안 될 정도로 솜씨가 좋으신 분이시지요.

그런 시어머님의 그늘 아래 결혼 후 5개월여의 시골살이를 청산하고 남편이 있는 부천에 방을 얻어 신혼생활을 시작하였고, 1985년 3월 어느 봄날 아들이 태어났습니다. 남편이 맏이인데 아들을 얻게 되니 시어머님은 어느 누구보다도 기뻐하셨습니다.

아이 낳기 전에 올라오셔서 아이를 낳은 후에도 산후 조리까지 해주셨습니다. 그때 시어머님이 사 오신 돌미역으로 손수 끓여주신 미역국 맛은 지금도 잊지 못합니다. 쇠고기 듬뿍 넣고 완전 자연산 돌미역을 불려 한 솥 끓여서 끼니 때마다 스테인리스 냉면대접으로 한 대접 떠주시면서 먹으라고 하셨습니다.

그 미역국이 어찌나 맛있던지 지금도 미역국을 좋아해서 자주 끓여 먹습니다. 그때 태어난 아들도 미역국을 참 좋아합니다. 마침 지인이 포항에서 가져온 미역을 선물로 주셨기에 그때를 생각하며 오늘 미역국을 끓여봤습니다.

미역, 쇠고기, 조선간장 2스푼, 참기름 1스푼, 물.

1. 포항산 돌미역입니다.
2. 미역을 찬물에 담가놓습니다.
3. 미역을 불리는 동안에 쇠고기를 꺼내어 양념을 합니다. 조선간장 2스푼, 참기름 1스푼을 넣고 조물조물 무쳐줍니다.
4. 조선간장 2스푼, 참기름 1스푼을 넣고 조물조물 무쳐 놓았다가 ,
5. 간이 배이면 팬에 살짝 볶습니다.
6. 고기를 양념해서 볶는 동안 미역이 다 불었습니다.
7. 불린 미역을 깨끗이 씻어 바구니에 건져 물기를 뺍니다.
8. 물기를 뺀 미역을 조선간장, 참기름을 넣고 조물조물 무칩니다.
9. 국을 끓일 냄비에 넣고 달달 볶습니다.
10. 1~2분 정도 볶은 후 물을 부어서 끓여줍니다.
11. 국이 어느 정도 끓기 시작하면 볶아놓은 쇠고기를 끓는 국에 넣고 다시 끓여줍니다.
12. 5분 정도만 끓여도 이렇게 뽀얀 국물이 우러납니다.

13. 좀 더 끓입니다.
14. 다 끓여졌습니다. 참기름이 둥둥 떠 있는 국물이 뽀얗습니다.
15. 그 당시 시어머님이 사주신 스테인리스 냉면대접에 담아봅니다.
16. 먹기 전에 꼭 한 스푼의 참기름을 국에 또 넣어줍니다. 참기름 역시 직접 농사지으신 참깨로 짠 참기름이지요. 지금도 시어머님이 들기름과 참기름은 항상 넉넉하게 대주십니다. 덕분에 듬뿍듬뿍 넣어 먹습니다. 시어머님이 안 계시면 이렇게 맛있는 참기름을 먹어보기가 힘들 것 같다고 생각하면 서글픕니다.
17. 참기름 둥둥 뜬 맛있는 미역국. 이렇게 큰 대접에 퍼주면 아이 낳고 허전한 배를 채우기 위해 저는 밥 한 그릇을 말아 아주 맛있게 먹었답니다.
18. 하루 3끼가 아니라 아마 6끼를 먹은 듯합니다. 아이 낳고 먹어도 먹어도 허기가 진 배를 채우기 위해서였죠. 지금도 그때를 생각하면 어머님이 사랑으로 끓여주신 미역국은 저에게는 힘이었고 그 덕에 산후풍이라는 걸 겪어보지 못했고 지금까지 건강한 몸을 유지하며 열심히 살아가고 있습니다.

길정자

01. 오골계탕
02. 인삼소불고기

전통음식만들기 11

오골계탕

　제 고향 금산에서는 누구나 그러하듯 복날이 되면 마당 한켠에 솥을 걸어놓고 이리저리 노닐고 있는 닭을 잡아서는 인삼 몇 뿌리 넣고 마늘 한 사발 휘휘 뿌려 매운 눈 찌뿌리며 푹 고아 온 식구가 나눠먹곤 했습니다.

　저는 삼계탕을 색다르게 해볼 양으로 털은 희고 살과 뼈는 까만 '백봉오골계탕'으로 해보겠습니다.

식재료 :

오골계 1마리(700~900g), 수삼 2뿌리, 밤 5~6톨, 대추 6개, 표고 2개, 빨간 고추 1개, 마늘 10톨, 생강 작은 것 한 쪽, 찹쌀 1컵, 녹두 1컵, 황기 1줄기, 홍미삼 2뿌리, 양파 반 개, 대파 1뿌리, 마른 표고 2~3개, 물 1.5 L, 전복 4~5미(尾), 산낙지.

만드는 법 :

1. 농원까지 가서 오골계를 구해왔습니다.
2. 황기 1줄기, 홍미삼 2뿌리, 양파 반 개, 대파 1뿌리, 마른 표고 2~3개, 물 1.5 L 넣어 푹 끓여 육수를 만듭니다.
3. 오골계 1마리(700~900g), 수삼 2뿌리, 밤 5~6톨, 대추 6개, 표고 2개, 빨간 고추 1개. 마늘 10톨, 생강 작은 것 한 쪽, 찹쌀 1컵, 녹두 1컵.

4. 전복을 앞뒤로 솔로 깨끗이 문질러 씻어 준비해 둡니다.
5. 산낙지도 준비합니다.
6. 이제 전복과 산낙지만 뺀 나머지 재료를 압력솥에 넣어 완성 단계에 들어갑니다.

7. 1시간~1시간 20분 정도 끓여 뚜껑 열고 확인한 뒤 전복과 낙지를 투하합니다. 전복은 영양을 섭취하기 위해, 산낙지는 넘어진 소도 일으킨다고 하기에 몇 마리 넣어 보양식으로 마무리합니다.
8. 약 10~15분 더 끓입니다.
9. 익은 상태를 확인합니다.
10. 오골계는 신기하게도 씻을 때 기름이 없더니 끓이고 나서도 기름이 거의 없습니다. 기름이 없어도 퍽퍽하지 않고 살이 부드럽습니다.
11. 건더기는 큰 그릇에 옮겨 담고 나머지 국물은 삼베에 걸러 둡니다.
12. 다 완성했는데 조금 덜 익혔으면, 하는 아쉬움이 남았습니다. 뜨거운 오골계를 잠시 두었더니 겉이 마릅니다.

　복날에 이렇게 한 끼 먹으면 한여름의 땀을 이겨내는데 도움 되지 않을까 싶습니다. 농장 여주인이 오골계는 궁합상 홍삼을 넣는 거라고 알려 주네요. 그래도 저는 홍삼은 육수로 활용하고 마무리는 수삼으로 하였습니다. 거르고 남은 육수에 불려놓은 찹쌀과 거피 낸 녹두와 색을 내려고 다진 당근을 넣어 죽을 쑤었습니다. 한 마리 요리하면 3~4명이 충분히 먹겠습니다.

전통음식만들기 12 > 길정자

인삼소불고기

"불고기는 수천 년 전부터 우리 선조들이 먹어온 전통 음식으로, 얇게 썬 쇠고기를 양념장에 무쳐서 석쇠에 구워 먹는 음식입니다. 예전에는 너비아니라고 불렀습니다. 너비아니란 궁중과 서울의 양반집에서 쓰던 말로 고기를 넓게 저몄다는 뜻입니다. 기호에 따라 조금만 익히거나 바싹 구워서 먹거나 뚝배기에다 육수를 붓고 자작하게 끓여먹기도 합니다."

초여름 수삼으로 샐러드나 반찬으로 해먹으면 입맛도 살리고 면역에도 도움 됩니다.

쇠고기(안심) 300g, 수삼 10뿌리,
고춧가루 3TS(티스푼), 고추장 1TS, 참기름 4TS, 꿀, 간장1TS, 잣, 매실청, 소금 약간.

1. 고춧가루 3TS(티스푼), 고추장 1TS, 참기름 4TS, 꿀, 간장1TS, 잣, 매실청, 소금 약간을 준비했습니다.
2. 수삼을 가능한 다듬어서 썰어놓습니다.
3. 안심에도 다져넣고, 수삼구이로도 사용하기 위해서랍니다.
4. 소고기 안심에 다져넣을 겁니다.
5. 곱게 다진 인삼을 적당량 고기에 넣어 가볍게 치댑니다.
   이때 참기름 2TS(티스푼), 간장 1TS를 넣어 가볍게 치대놓습니다.
6. 수삼 1.2cm 정도 준비한 수삼 밑동에 밀가루를 찍어 준비해 둔 고기 안에 밀어 넣고 모양을 냅니다.

7. 되도록 수삼은 너무 크지 않은 게 먹기도 좋고 보기에도 예쁩니다.
8. 팬에 올리브유 약간 두르고 앞뒤 노릇하게 지져 그릇에 옮겨 담습니다.
9. 곁들일 수삼구이를 하기 위해 인삼에 간장, 참기름 1TS(티스푼)를 넣어 조물락거려 준비합니다.
10. 밑간해둔 인삼을 애벌구이합니다.
11. 12. 고춧가루, 고추장, 참기름, 꿀, 매실청 넣어 앞뒤로 약한 불에 구워줍니다.

13. 넓은 그릇에 안심과 수삼을 나란히 담고 양 옆에 야채 새싹과 인삼 새싹으로 장식합니다
14. 수삼 위에 다진 잣을 정성스레 올려놓았습니다.

본문 속에 나오는 인용서 살펴보기

■ 조선여속고 朝鮮女俗考 란 어떤 책인가?

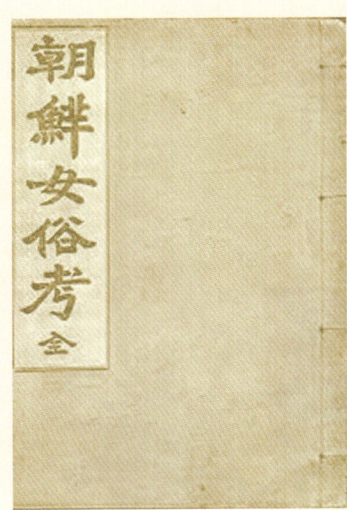 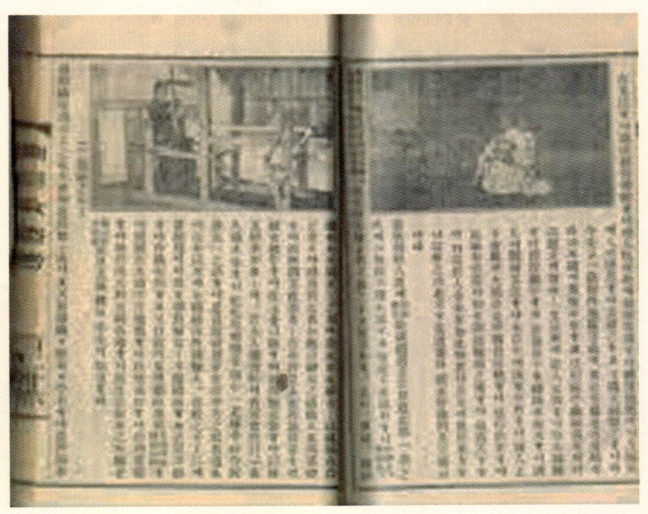

본문 62면에 인용되는 <조선여속고(朝鮮女俗考)>란?

이능화(李能和)가 지은 조선 여인들의 풍속과 역사에 관한 책으로, 1927년 동양서원(東洋書院)에서 출간되었다. 이 책은 A5판 크기로 갱지를 접어서 서문 목록 5면, 본문 177면으로 구성되어 있다.

저자가 이 책을 저술하게 된 동기는, 미국인 임락(林樂)의 <오주여속통고(五洲女俗通考)>에 조선의 여인들은 "어린 아이가 울면 고양이가 온다고 어른다(兒啼脅文曰猫來云)."는 것 외에는 아무 것도 적혀 있지 않아 임락의 무식을 탓하기 전에 조선 여속에 관한 문헌이 없는 탓이라 하여, 그러한 문헌을 작성하기 위하여 이 책을 쓴다고 서문에서 말하였다.

이 책은 26장(章)으로 구성되어 있으며, 서술문체는 한문체인데, 이에 토를 달아서 얼른 보기에는 국한문 병용체처럼 보인다. 저자가 조선 사회 부녀자에 관한 사항을 두루 살피고 다루려 한 것은 그 내용을 통해 충분히 간파할 수 있다. 저자가 살피고 다루려는 사항의 자료는 조선시대 이전의 것은 문헌자료이고, 개화기 이후의 것은 저자의 견문이다. 그가 사용한 자료가 문헌적이건 견문이건 단편적이고 개괄적이어서 사항의 나열에 그치고 만 것 같은 감을 준다.

이 책은 여러 가지 아쉬움을 지니고 있지만 우리나라 여성을 종합적으로 구명하려는 저술로서는 최초의 책이고, 그 연구의 길을 열어 후학들의 길잡이가 된 저술이라는 점이 의의가 크다.

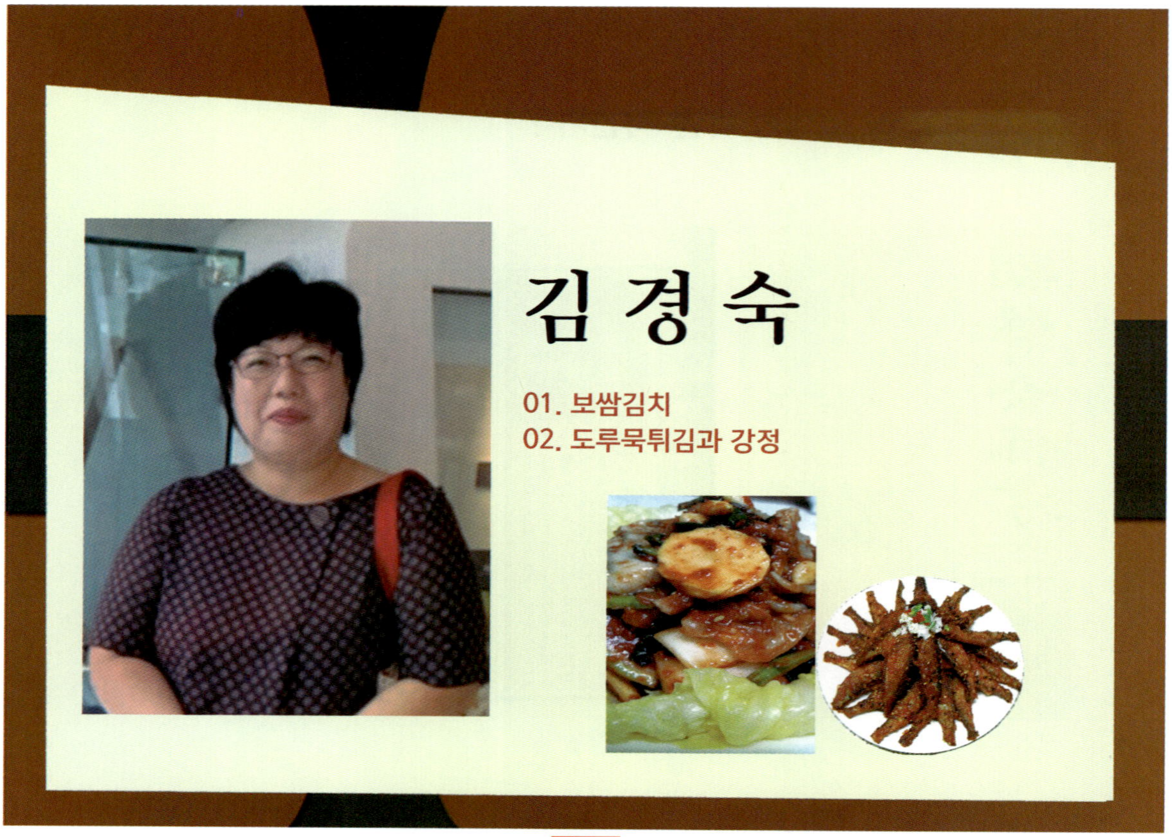

김경숙

01. 보쌈김치
02. 도루묵튀김과 강정

전통음식만들기 14

보쌈김치

무, 배추, 미나리, 갓, 쪽파, 대파, 밤, 대추, 석이버섯, 액젓, 고춧가루, 굴, 생새우, 참깨, 흑임자, 잣.

▲ **해물 넣은 보쌈김치** 익혀서 드셔도, 바로 드셔도 되는 건강 김치입니다.

만드는 법 :

1. 무는 사각으로 썰어서 소금에 살짝 절여줍니다. 배추는 절임배추로 무 크기와 같게 썰었습니다(따로 소금 간 하지 않았습니다). 미나리, 갓, 쪽파, 대파, 밤, 대추, 석이버섯을 준비합니다.
2. 준비한 야채에 액젓과 고춧가루를 넣어서 양념합니다. 낙지는 끓는 물에 넣자마자 바로 꺼내줍니다(데치면 보쌈김치가 익었을 때 덜 질깁니다). 굴, 생새우, 참깨, 흑임자, 잣을 넣고 버무려줍니다.
3. 배추의 잎사귀 부분을 잘라서 그릇에 사진처럼 펼쳐 놓습니다.
4. 5. 배추에 양념한 김치를 얹어줍니다. 식구 수에 따라서 배추소의 양을 가감합니다.
6. 김장김치가 익기 전에 드시기 좋은 보쌈김치입니다.
7. 8. 돌돌 말아서 김치통에 넣어두고 한 개씩 꺼내 먹습니다.

전통음식만들기 15 > 김경숙

도루묵튀김과 강정

"도루묵은 목어(木魚)·은어(銀魚)·환목어(還木魚)·환맥어(還麥魚)·도로목어(都路木魚)·도로묵·도루무기·돌목어라고도 불리는 바닷물고깁니다. 몸길이는 25~26㎝ 정도로, 몸체가 가늘고 길며 측면이 편편합니다. 서유구(徐有榘)의 <난호어목지(蘭湖漁牧志)>에 "도루묵은 배가 희게 빛나 운모가루를 붙여놓은 것처럼 보여 본토박이들이 은어라고 부르며, 9~10월이 되면 그물을 설치하여 잡는다."고 하였습니다. 도루묵튀김, 도루묵회, 도루묵깍두기, 도루묵식해, 도루묵조림, 도루묵찌개의 주재료로 애용됩니다."

식재료 :

도루묵, 풋고추, 홍고추, 양파, 전분가루, 식용유, 초간장, 고춧가루, 고추장, 수세미 발효액, 팜슈가, 다진 마늘, 다진 파, 양념 소스.

만드는 법 :

1. 튀긴 그대로 초간장을 해서 드셔도 되고 갖은 양념을 해서 강정으로 드셔도 됩니다.
2. 담아져 있는 모양이, 작은 물고기를 튀겨 만든 도리뱅뱅이처럼 생선을 프라이팬에 돌려 담고 양념장을 얹어서 조린 모양입니다.
3. 도루묵 튀김에 풋고추, 홍고추 다진 것과 양파 다진 것을 올려서 초간장에 찍어 먹습니다.
4. 아주아주 담백한 맛입니다. 작은 도루묵이어서 뼈째 드셔도 됩니다(아이들은 걱정스러우니 뼈는 발라서 먹게 해줍니다).
5. 베스킨 아이스크림 숟가락과 도루묵 사이즈를 비교해 보시면 크기를 아실 수 있습니다.
6. 물에 한 번 씻어서 채반에 밭쳐 물기를 빼준 후 1회용 비닐봉투에 도루묵을 넣고 전분 가루를 넣습니다.
7. 비닐봉투를 좌우로 흔들어 주시면 골고루 전분을 묻힐 수 있습니다.
8. 튀김 팬에 기름을 붓고 나무젓가락을 넣었을 때 거품이 뽀르르 올라오면 재료를 넣고 튀기면 됩니다. 지금의 모양은 기름의 온도가 조금 높습니다. 이럴 땐 불을 잠깐 끄고 온도를 내린 후 다시 가열해줍니다.

9. 전분 가루를 묻힌 도루묵을 튀기고 있습니다.
10. 노릇노릇하게 튀겨줍니다. 비스듬히 세워주시면 기름기가 쪽 빠집니다.
11. 진간장에 식초와 레몬즙을 넣고 청양고추와 양파 다진 것을 넣어서 초간장을 만들어 찍어 드시면 됩니다.
12. 13. 14. 고춧가루, 고추장, 수세미 발효액, 팜슈가, 다진 마늘, 풋고추 다진 것, 홍고추 다진 것, 양파 다진 것을 넣고 한 번 바글바글 끓여줍니다.
15. 16. 도루묵양념강정 완성입니다.
17. 18. 도루묵 튀김과 도루묵 강정 완성입니다.

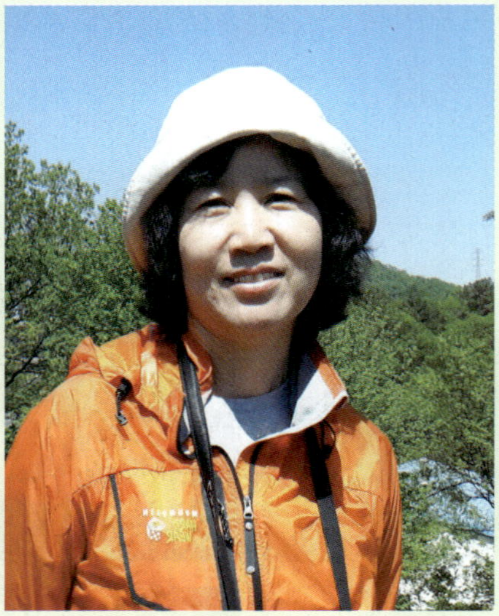

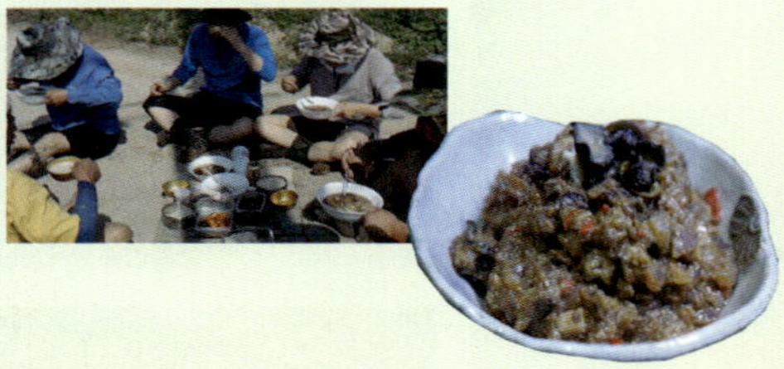

전통음식만들기 16

단풍깻잎

　가을이면 아무리 바빠도 노란 단풍깻잎을 따서 깻잎김치를 담습니다. 형부가 좋아하시는 삭혀서 담그는 깻잎. 남편이 좋아하는 간장에 담은 깻잎. 제가 어릴 때부터 즐겨 먹었던 된장에 담그는 깻잎. 각자 좋아하는 깻잎 김치를 세 종류로 담습니다.

1. 푸른 하늘과 따가운 해님 덕분에 들깨 송아리가 여물어 갑니다. 이때는 들깨 송아리로 부각을 만들어 먹으면 고소하니 맛이 좋습니다. 들깨가 여물어야 단풍이 들어 있는 깻잎을 딸 수 있습니다.

2. 우리 가족이 들깨 모종을 하면 한 사람이 앞장서서 모종을 2~3포기씩 쭉 놓고 가면 언니는 모종이 부족해서 댕겨 심어 촘촘하게 심는 편이고 저는 간격을 넓게 뜨문뜨문 심습니다. 촘촘하게 심으면 들깨가 키가 크고 깻잎은 많이 따고 드물게 심으면 들깨가 많이 달립니다.

들기름을 즐겨 먹기 때문이기도 하지만 단풍든 들깻잎을 좋아해서 들깨를 심기도 합니다. 깻잎이 노랗게 물들면 우리 집 네 식구는 들깨 밭에서 나란히 깻잎을 채취합니다.

3. 4. 5. 6. 깻잎을 따서 바로 세척을 하고 소쿠리에 물기를 빼고 차곡차곡 깻잎을 간추리며 삭혀서 담을 것은 실로 깻잎 가운데를 묶어 주고, 된장이나 간장에 담을 것은 그냥 차곡차곡 간추려 물기를 빼줍니다.

된장에 단풍깻잎 담그기

깻잎, 육수, 매실청, 된장, 들기름.

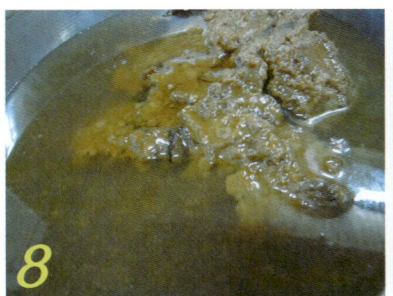

7. 된장에 담은 깻잎입니다. 친정어머님이 된장 항아리에 묻어 둔 깻잎을 꺼내어 오시면 어찌나 짠지 깻잎 한 장이면 밥 한 그릇을 다 먹었던 기억이 있어 조금씩 담았습니다.
8. 짜지 않게 담으려고 된장에 다시 육수를 만들어 넣고 매실청 조금 넣어 짭짤하게 간을 맞춥니다.

9. 세척을 한 깻잎을 몇 장씩 놓고 된장을 끼얹어주고 병이나 항아리에 담아 꼭 눌려 놓고 결이 삭으면 맛있는 된장 깻잎이 완성됩니다.

10. 11. 가끔씩 친정집 항아리에 담아놓았던 깻잎 생각이 나면 된장만 조금씩 깻잎 중간 중간에 더 넣어 약간 짭짤하게 담아서도 먹습니다.
된장에 담은 깻잎을 들기름을 넣고 밥 위에 쪄 먹던 생각도 납니다.
요즘은 압력 밥솥이라 밥 위에 쪄 먹기가 어려워서 냄비에 들기름을 넉넉하게 넣고 조려서 먹습니다.
색다른 맛이 나고 깻잎 향과 들기름과 된장이 어우러져서 별미입니다.

간장 깻잎 담그기

12. 생으로 간장에 담은 깻잎입니다.
13. 조선간장, 진간장, 물을 섞어서 넣고 표고버섯, 멸치, 대추, 사과, 양파, 고추 몇 개를 넣고 끓여서 걸러내고 식은 뒤에 세척한 깻잎에 부어줍니다.

사과는 달콤새콤한 홍옥을 넣고 끓이면 향도 맛도 좋은데 요즘은 홍옥 구하기가 어려워서 집에 있는 사과를 넣었습니다.

14. 깻잎을 통에 담고 끓여서 식혀둔 간장을 부어놓기만 하면 됩니다. 만들기 쉽고 깻잎 향이 살아 있습니다.
    간장에 담은 것은 깻잎 향이 그대로 살아있어 향은 좋지만 약간 뻣뻣합니다.
    남편이 깻잎 향을 좋아하기 때문이기도 하고 시어머님께서 남편을 위해서 꼭 만들어 주셨던 간장에 담은 단풍깻잎 김치입니다.

삭혀서 깻잎김치 담그기

15. 삭혀서 만든 깻잎 김치.
16. 차곡차곡 정리해서 실로 앞뒤를 묶어줍니다. 묶어 주어야 흐트러지지 않고 깔끔하게 깻잎김치를 담을 수가 있습니다. 단지 속에 넣고 삼삼한 소금물에 돌을 눌러 깻잎을 삭혀놓습니다.
    이렇게 만들어 놓으면 먹고 싶을 때 아무 때나 삭은 깻잎으로 만들어도 됩니다.
    시집간 다섯 딸내미들까지 주려고 넉넉하게 담습니다.
17. 잘 삭은 깻잎을 건져서 깻잎이 잠길 정도로 물을 넉넉하게 넣어주고 푹 삶아줍니다.
18. 19. 푹 삶은 깻잎은 물에 헹구어 물기를 꼭 짜고 실은 잘라내고 햇볕에 꾸득하게 말려줍니다.
20. 마른 고추를 곱게 썰고,

21. 22. 마늘, 쪽파, 간장, 고춧가루, 깨, 물엿을 넣고 입맛에 맞게 간을 맞춥니다.

23. 2~3장씩 놓고 양념을 발라줍니다. 깻잎을 삭히고 또 푹 익혀서 깻잎을 담아두면 깻잎이 보들보들합니다. 영양적으로는 손해 보는 것 같지만 양념이 어우러져서 입안에서 부드럽게 잘 넘어갑니다. 이렇게 삶아서 보드랍게 담아서 시집간 딸들에게 보내주면 제일 좋아라 합니다.

24. 25. 26. 된장, 간장에 담아둔 깻잎과 삭혔다가 만들어 냉장고에 넣어 둔 깻잎을 모두 꺼내어 보았습니다. 깻잎김치 담으려면 들깨를 심어야 되고, 심은 들깨가 다 자란 후 들깻잎을 한 잎 한 잎 따서 한 손씩 묶어 정리하다 보면 허리도 아프고, 양념을 할 때도 손이 많이 가는 힘든 일인 줄 부모님께 얻어먹었을 때는 몰랐습니다.

이제는 우리 집 딸내미들과 손자 손녀들한테 내리사랑으로 담아주고 있습니다.

전통음식만들기 17 > 김금순

우렁이쌈장과 즉석무침

　5월 말쯤 모를 심고 모가 자리를 잡았을 때 우렁이 종패를 논에 뿌리면 우렁이가 풀을 먹기 때문에 제초제를 안 뿌려도 됩니다. 큰 우렁이를 넣으면 일을 하지 않고 짝짓기만 한다고 어린 것만 넣었습니다.

벼논에 우렁이 종패 뿌리기

1. 모든 농사에 정성을 들이는 남편은 우렁이도 조심스럽게 "잘 살아라." 하며 논으로 넣어줍니다.
2. 논둑에 풀 깎으러 갔다가 깜짝 놀랐습니다.
3. 논물 대는 물통에도 온통 딸기를 붙여놓은 것처럼 보입니다. 빨간 우렁이 알이 풀숲에까지 낳아서 풀도 깎지 못하고 돌아왔습니다.

4. 때마침 딸내미 둘이랑 손자 친구들과 놀러왔습니다.
5. 신기하다며 호기심 많은 꼬맹이들이 논에 들어가서 잡기도 하고 어린 쌍둥이 손자들은 우렁이랑 잘 놀고 있습니다. 밟으면 알이 다칠까 봐 구경만 한다는 꼬맹이도 있습니다.
6. 딸기처럼 생긴 우렁이 알을 보고 신나게 웃는 꼬맹이들 때문에 동심으로 돌아갔습니다.

우렁이 손질하기

7. 우렁이를 맑은 물에 물을 갈아주며 해감을 시키고 들통에 삶아서 알맹이를 빼냅니다.
8. 우렁이 내장은 버리고 윗쪽 살만 소금과 밀가루를 넣고 깨끗하게 닦아서 준비합니다. 그냥 요리를 하면 흙냄새가 납니다.

우렁이쌈장 만들기

우렁이 반 공기, 파프리카 2개, 적양파1, 홍고추 2개, 표고버섯 5개, 된장, 멸치, 마늘, 들기름.

9. 10. 11. 모든 재료는 곱게 썰었습니다. 내장과 머리를 뺀 멸치도 절구에 찧어 넣습니다.
12. 들기름을 넉넉하게 넣고 볶아줍니다.
13. 된장도 넣고 함께 볶아줍니다.
14. 물을 잘박하게 넣고 끓게 되면 마지막에 우렁이를 넣고 살짝 끓여줍니다.
15. 소쿠리를 들고 텃밭을 한 바퀴 돌며 쌈채를 뜯어 와서 나열을 해보았습니다. 명월초, 서양 고추냉이, 곤드레, 미역취, 곰취, 상추, 민들레, 양상추, 아이스플랜트, 미나리, 차조기, 고본, 번행초, 개똥쑥, 금강초, 루꼴라, 묏미나리, 일당귀, 방풍, 치커리 3종류, 적깻잎, 샐러리, 천궁, 스카롤라, 전호, 바질, 섬엉겅퀴, 아마란스, 산참나물, 회향. 취미로 키우기 시작한 다양한 야채들을 동네 분들은 우리 집을 채소백화점이라고 합니다.
16. 17. 가운데 꽃은 안개꽃 같아 보이지만 고수꽃입니다. 베트남에서 시집온 새댁들이 동네에 살고 있는데 가끔 뜯어서 주기도 하고 함께 어울려 먹기도 합니다.
    상에 올리기 전에 신선하게 유지하려고 깊은 볼에 물을 넣고 세척을 한 쌈채를 꽃꽂이 하듯이 담아 놓으면 싱싱하고 보기에도 좋고 쌈채를 눈으로 확인하며 이름도 맞추며 골라 먹는 재미도 있습니다.
18. 19. 된장을 섞어 야채를 넉넉하게 넣고 볶아 심심하니 부담없이 먹게 됩니다. 직접 키워서 먹는 다양한 맛과 향을 내는 산채들과 특별한 우렁이쌈장입니다.

우렁이 즉석무침

우렁이, 상추, 초고추장.

20. 남아 있는 우렁이로 상추와 초고추장만 넣고 버무린 즉석 우렁이무침입니다. 논에 김매기도 하는 고마운 우렁이입니다.
21. 저건 열대지방 우렁이를 농작물용으로 양식한 겁니다. 우리나라 연못이나 논에서 자생하는 우렁이는 맛이 좋은 우렁이이지만, 저 우렁이는 맛이 없어서 우렁이살 맛보다는 양념 맛으로 먹는 겁니다.
    농업용 우렁이는 우리나라 기후에서 월동을 하질 못하기 때문에 특수 양식을 하여 해마다 어린 새끼를 논에 다시 부어주는 겁니다. 그러면 우렁이들이 논의 잡초를 먹고 자라서 알을 낳아 풀에 붙여놓는 겁니다.
22. 우리 토종 우렁이를 삶아서 먹다 보면, 꼬리 쪽에 팥알만큼 작은 우렁이들이 많이 들어 있는 것을 볼 수가 있습니다. 토종 우렁이는 새끼를 몸속에 품고 키우는데, 새끼가 어미 몸속에서 나올 때 어미의 살을 파먹으면서 나오기 때문에, 새끼들을 다 키워 내보낸 어미는 빈 껍질만 남습니다. 옛말에, 새끼들이 자기들 엄마가 동동 떠내려가는 걸 보고 우리 엄마 바람나서 떠내려간다고 했다는 말이 있습니다. 속에 공기가 들어서 뜨는 것을 우화적으로 표현한 이야기입니다.

김명자

01. 함경도 가자미식해
02. 가지찜

전통음식만들기 18

함경도 가자미식해

　1950년대 서울 회현동 해방촌이라 불리는 마을엔 북에서 내려온 피난민들이 모여 살았답니다. 함경도가 고향인 외할머니와 엄마도 그곳에서 사셨고, 저도 거기서 태어났지요. 서로가 어려웠던 시절, 가족같이 지내던 동네 사람들. 억센 함경도 사투리가 어색하지 않았던 마을.

　'함경도 음식' 하면 가장 먼저 떠오르는 것이 가자미식해지요. 외할머니께선 해마다 겨울이 되면 김장을 한 뒤, 이어서 가자미식해를 담그십니다.

　나무상자에 가득 들어 있던 가자미. 보통 2~3짝 들여놓죠.
　두레박이 걸린 우물가에서 언 손 녹여가며 생선을 손질합니다.
　추운 줄도 모르고 신기한 듯 쪼그려 앉아서 구경하던 꼬마가 어느덧 환갑을 바라보는 나이가 되었답니다.
　단지에 꼭꼭 눌러 담아 보관하여, 겨울이면 늘 밥상에 오르고, 매워서
　"물~물~"
하면서도 찾아먹던 가자미식해.

　세월이 흘러 저의 어머니도 이제는 구순을 바라보시는데, 이제는 제가 직접 가자미식해를 담가서 어머니 밥상에도 올려드리며 옛 추억을 되새겨 봅니다.

식재료:

생물 가자미, 소금, 고춧가루(고운 고춧가루), 마늘, 생강, 무, 조밥.

만드는 법:

1. 싱싱한 생물 가자미를 구입합니다. 뼈째 먹어야 하니 아이들 손바닥만한 크기가 좋습니다. 할머니께선 참가자미를 쓰셨는데 요즘엔 물가자미로도 담습니다.
2. 비늘, 머리, 내장, 지느러미를 제거하고 깨끗이 씻었습니다.
3. 할머니께선 칼집만 내셨지만 저는 먹기 좋은 크기로 어슷어슷 토막을 냈습니다.
4. 소금, 고춧가루(고운 고춧가루), 마늘, 생강에 버무려 1주일 숙성시킵니다. 소금간은 짭짤하다 싶게 하고 생강은 많이 넣으면 씁니다.
5. 이렇게 가자미만 숙성시킨 것을 통에 담아 김치냉장고에 두고 먹을 만큼씩 덜어 무, 조밥에 버무리면 1년 내내 가자미식해를 먹을 수 있습니다.
6. 무를 굵게 채 썰어 소금에 절입니다.
7. 메조로 밥을 되게 하여 식을 동안 절여진 무에 고춧가루, 소금, 마늘, 생강을 넣어 버무립니다.
8. 조밥이 식었으면 무와 함께 넣고 버무리며 간을 봅니다.
9. 가자미식해 완성입니다.
10. 통에 꼭꼭 눌러 담습니다. 서늘한 곳에서 3일~ 1주일쯤 지나면 위로 물이 생겼다가 자연스럽게 내려가면 다 익은 겁니다. 익은 후에 냉장고에 넣고 먹습니다. 익기 전에 냉장고에 넣으면 비려서 못 먹게 됩니다.
11. 먹음직스럽게 익었습니다.
12. 옛날부터 함경도 지방에서 즐겨 먹던 유산균이 들어 있는 몸에 좋은 발효음식인 가자미식해입니다.

전통음식만들기 19 > 김명자

가지찜

　저희 외할머니와 엄마의 고향은 함경남도 정평군 곶섬입니다. 외할머니께선 아들과 딸 둘을 낳으셨는데 피난통에 어찌하다 보니 남편, 아들, 큰딸은 북한에 두고 엄마와 단둘이 남한에 내려와 살게 되었습니다. 그러니 자연히 엄마가 결혼하여서도 외할머니와 함께 살게 되었습니다.

　저는 함경도의 억센 사투리와 더불어 특이한 함경도 음식도 맛보며 성장했습니다. 외할머니는 90세 돌아가실 때까지, 제가 결혼해서도 함께 사셨습니다. 1980년대 외할머니, 엄마, 저, 우리 딸 이렇게 4대가 나란히 목욕탕으로 향하던 모습이 생각납니다.

바닷가를 끼고 사셨던 어르신들은 동해의 각종 신선한 해산물로 음식을 만들어 드셔서 건강하십니다. 함경도 음식으로 가장 유명한 것은 가자미식해이고, 그밖에 저희 집에서 여름철에 만들어 먹던 가지찜을 빼놓을 수 없습니다.

외할머니는 1899년생인데 90세를 일기로 돌아가셨고 제 어머니는 구순을 바라보십니다. 어머니 돌아가시기 전에 그 솜씨를 더 배우고, 저는 제 아이들에게 전해주어야 하겠습니다. 어려서부터 늘 먹었던 음식이지만 직접 만들다 보면 모르는 게 많아 또 물어보고 또 물어보면서 그렇게 배웠습니다.

그럼, 여름철이면 자주 밥상에 오르던 가지찜을 만들어볼까요.

가지, 호박, 조개, 풋고추, 청양고추, 양파, 대파(흰 부분), 마늘, 멸치, 고추장, 육수(멸치 + 다시마 끓인 육수), 낙지나 오징어 같은 해물, 쇠고기 간 것 등등.

1. 가지를 깨끗이 손질하여 적당한 크기로 잘라 십자로 칼집을 넣습니다(오이소박이처럼). 호박도 곁들이면 좋습니다. 조개(대합을 넣으면 더 좋습니다), 풋고추, 청양고추, 양파, 대파(흰 부분), 마늘(넉넉하게 넣어요), 멸치 등을 도마 위에 놓고 잘게 다집니다(믹서에 갈면 안 됩니다).

 외할머니께선 재래식 부엌 흙바닥에 가마니 깔고 그 위에 앉으셔서 도마 위에 위의 재료를 놓고 일을 시작하십니다. 할머니께선 늘 한복을 입으셨는데 그 위에 광목으로 만든 흰색 넓은 앞치마를 두르셨습니다. 요란한 난도질 소리가 나무대문 밖에서까지 들리면 오늘 밥상엔 가지찜이 오르겠다는 짐작을 합니다.

2. 고추장 3큰술에 위에 잘게 다진 것을 섞어줍니다. 흠~ 냄새가 심상치 않습니다. 할머니께선 재료가 거의 다져질 무렵에 고추장도 함께 넣고 다지셨습니다. 탁탁탁~ 튀지 않을까 하는 염려는 할머니의 넓은 앞치마가 해결해줍니다.

3. 4. 십자로 가른 가지 사이에 양념을 넣은 뒤 냄비에 가지를 넣고 물을(멸치+다시마 끓인 육수 넣으면 더 좋습니다.) 자작하게 붓고 끓입니다. 애호박도 군데군데 넣고……. 이 시점에서 낙지나 오징어 같은 해물을 함께 넣어도 좋습니다. 쇠고기 간 것을 조금 넣어도 되는데, 돼지고기는 절대 안 됩니다.

5. 끓기 시작하면 중불로 줄여 15분쯤 끓이다가 가지 색이 변하면 불을 끕니다. 더 필요한 간은 국간장으로 합니다. 외할머니는 국물을 자작하게 하셨지만 저희 남편은 국물을 좋아해서 넉넉하게 부었습니다.

6. 매콤하고 뜨거워서 땀 뻘뻘 흘리며 밥 위에 가지찜을 얹어 비벼 먹던 생각이 납니다. 여름철 밥상엔 가지찜에 오이지만 있으면 그만입니다. 가지찜은 가지가 출하되는 여름철에 주로 만들어 먹던 음식이지만 요즘엔 비닐하우스 재배로 계절식품이 따로 없으니 아무 때나 만들어 먹어도 됩니다.
7. 가자미식해나 해물을 넣어 만드는 가지찜이 함경도 음식이라고는 하지만 바닷가를 끼고 있는 곳에서만 알려져 있고 함경도 내륙 사람들은 잘 모릅니다.
8. 어렸을 적에 외할머니께서 만들어주시던 가지찜~! 이젠 제가 만들어 먹으면서 20여 년 전에 돌아가신 외할머니도 생각하고, 연로하신 엄마께도 대접합니다.

본문 속에 나오는 인용서 살펴보기

■ 난호어목지蘭湖漁牧志란 어떤 책인가?

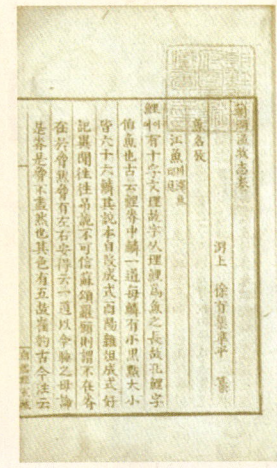

본문 77면에 인용되는 <난호어목지(蘭湖漁牧志)>란?
 조선 정조 때 학자이자 문신인 서유구가 1820년대 순조연간(純祖年間)에 편찬한 수산서이다. 이 책의 서명으로 사용되는 난호(蘭湖)는 현 전라북도 고창군을 듯하며, 이 지역 해안과 바다에서 잡히는 어족을 조사하여 기록한 책이다.

 현재 국립중앙도서관이 소장하고 있는 1권 1책의 사본(寫本)이 전해지고 있으며, 정약전(丁若銓)이 저술한 자산어보(玆山魚譜), 김려가 저술한 우해이어보(牛海異魚譜)와 더불어 우리나라 3대 어보집으로 손꼽힌다.

 난호어목지는 <어명고(魚名攷)>와 <전어지(佃漁志)>로 구성되어 있었으나 현전하는 난호어목지에는 어명고만 전하고 전어지는 <임원경제지(林園經濟志)> 권지 37~40에 수록되어 있다. 이 자료를 통해 난호어목지가 임원경제지보다 먼저 작성된 것임을 알 수 있는데 1820년경에 편찬된 것으로 추정된다. 난호어목지에 수록된 어명고는 아직 어보로서 그다지 잘 알려져 있지 못하나 19세기 어구(漁具)의 정황이나 한글 명칭의 한자 표기를 대조할 수 있어 당대 수산물의 명칭 연구와 어법(漁法) 연구에 있어 아주 귀중한 사료로 평가받고 있다.

97

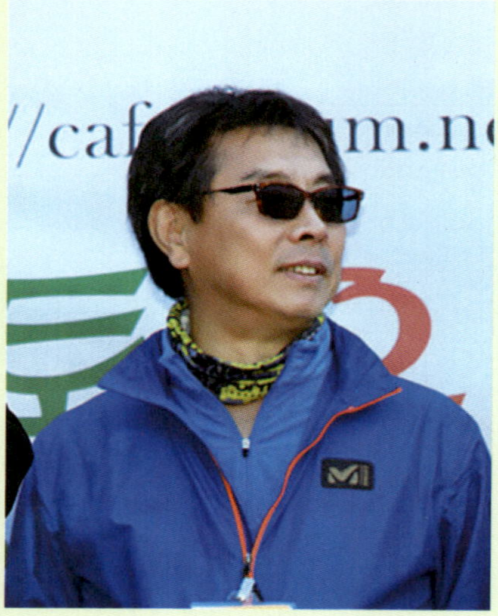

김병수

01. 우리 집 이북식 김치 담그기
02. 이북식 가마솥김치밥

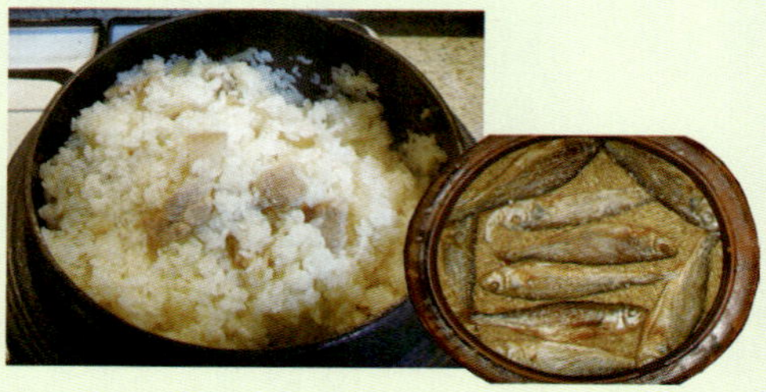

전통음식만들기 20

우리 집 이북식 김치 담그기

배추, 무, 쪽파, 찹쌀가루, 보리쌀가루, 고구마가루, 메밀가루, 날콩가루, 말린고추, 마른멸치, 통마늘, 새우젓, 황석어젓, 멸치젓, 풀치젓.

만드는 법 :

1. 손질을 끝낸 배추랑 무를 절입니다.
2. 잘 절여진 배추랑 무는 세 번 씻어서 건져놓습니다.
3. 쪽파는 적당한 길이로 썰어서 준비하고,
4. 찹쌀가루, 보리쌀가루, 고구마가루, 메밀가루, 날콩가루를 섞고 덩어리지지 않게 잘 개어서 약한 불로 조정하고 계속 젓다보면,
5. 이렇게 뽈록뽈록 부풀었다가 터지게 되면 풀죽은 다 쑤어진 거랍니다. 그러면 쑤어놓은 풀죽이 상온에서 자연스럽게 식을 수 있게 밖에 내놓습니다.
6. 고춧가루만 쓰는 것보다 말린 고추를 갈아서 쓰면 김치 맛이 더 좋지요. 건고추를 믹서기에 갈아줍니다.
7. 손질한 마른 멸치도 넣고,

8. 통마늘도 넣고,
9. 젓국은 직접 담근 새우젓, 황석어젓, 멸치젓, 풀치젓 국물을 넣고 갈아서 씁니다.
10. 젓국을 넣고,
11. 불린 건고추, 마른멸치, 통마늘, 새우젓, 황석어젓, 멸치젓, 풀치젓을 넣고 갈았습니다.
12. 쪽파랑 갈아놓은 양념을 담고,
13. 채친 무에 준비된 재료들을 한데 넣고,
14. 고루 섞은 다음에,
15. 절여진 배추 한 잎을 뚝 떼어서 김치 소를 얹어 먹어 봐서 약간 짜다 싶으면 간이 맞는 겁니다.
16. 이제는 김칫소를 넣을 차례인데, 이북식 김치 담금은 소를 바르지 않고 수저로 일일이 떠서 깊숙이 넣는 게 특징입니다. 절여진 무는 세로로 3/4 정도만 가른 후,

17. 이렇게 소를 채워서,
18. 양념이 빠지지 않게 위를 향하게 담습니다. 이때 갈라진 부분에 우거지로 덮어서 담으면 더 좋습니다.
19. 절인 배춧잎을 한 겹씩 들춘 후 김칫소를 수저로 떠서 깊숙이 넣으세요.
20. 다 넣었으면, 잘 정리하고 겉잎으로 싸서,
21. 차곡차곡 담습니다.
22. 마무리는 우거지를 버무려서,
23. 위에 덮어줍니다.
24. 3일째 되는 날에는 삶은 고기를 식힌 후에 굳어진 기름을 걷어내고,
25. 액젓으로 간을 맞춰서,
26. 김칫독에 부어줍니다. 이때 너무 가득 부으면 날이 따뜻할 때에 끓어 넘치는 수가 있으니 적당하게 수위를 맞춰서 부어야 합니다.
27. 그리고는 이렇게 마감을 해서 익힙니다.
28. 이북식 김치의 특징은 버무린 김치가 아니기에 시원한 맛이 나고 김칫국이 깔끔한 게 특징입니다.

101

전통음식만들기 21 > 김병수

이북식 가마솥김치밥

우리 집은 피난민 집안이라서 어려서부터 쭉 이북식 음식을 주로 먹고 자랐습니다.

오늘 소개할 음식은 김치밥으로서 김장을 할 때 통무에 칼집을 넣어서 김칫소도 넣고 배추김치랑 같이 담가서 익힌 것으로 이듬해에 꺼내서 돼지고기와 함께 밥을 짓는 거랍니다.

갑자기 손님이 오셨을 때 울 어머니께선 이 김치밥으로 대접을 해 오셨고, 집사람이 인사를 왔을 적에도 이 김치밥을 처음 시집 음식으로 먹었었답니다.

식재료 :

특별한 레시피는 없고 준비물만 말씀드립니다.
김치밥 재료 : 김장무 1/2개, 돼지고기 1근, 불린 쌀, 들기름.
김치냉국 재료 : 김장무 1/2개, 간장, 다진파, 고춧가루, 깨소금, 식초, 물과 얼음. 양념장 재료 : 간장, 다진파, 고춧가루, 깨소금, 참기름.

만드는 법 :

1. 2년 된 김장 무김치입니다. 무김치를 많이 넣을수록 맛있습니다.
2. 반을 갈라서,
3. 양념을 털어냅니다. 이 양념은 냉국을 할 때 쓸 것입니다.
4. 양념을 털어낸 무를 채 쳐야 하는데 무를 채 치는 방법에는 두 가지 방법이 있습니다.
5. 먼저 하나는 흔히 하는 방법으로 이렇게 썰어서 채 치는 방법인데, 이 방법으로 채를 치면 무의 결에 반대 방향으로 써는 격이 되어서 식감이 그다지 좋진 않지만, 치아가 좋지 않은 분들이 드시기에 낫지 않나 생각됩니다.
6. 다른 하나는 무의 결대로 써는 방법으로 먼저 무채의 길이를 생각하고 등분을 해서,
7. 무의 결대로 썰어서,
8. 채 치는 방법으로,

9. 무를 씹는 식감이 먼저 방법보다 더 좋은 이점이 있답니다. 채친 무의 반은 김치밥용으로 나머지 반은 냉국용으로 쓸 작정입니다.
10. 김치에는 쇠고기보다 돼지고기가 잘 어울리듯이 이왕이면 지방이 있는 앞다릿살을 준비합니다.
11. 적당한 크기로 썰어서,
12. 밥 지을 가마솥을 달구고 들기름을 두르고,
13. 먼저 돼지고기를 볶습니다. 고기가 어느 정도 익었다 싶거든,
14. 채 친 무김치를 넣고 같이 볶다가,
15. 어느 정도 볶아졌다 싶으면,
16. 불린 쌀을 넣고 밥을 지으면 되는데 이 때 밥물은 평소보다 적게 잡습니다. 그리고 밥을 지를 때 이와 같이 쌀을 위에 얹어도 좋고, 쌀을 먼저 넣고 그 위에 볶은 고기랑 무김치를 얹고 해도 상관은 없습니다.
    저는 설거지를 줄이려고 쌀을 나중에 넣었습니다.
17. 뚜껑을 덮고 가마솥이 눈물을 흘리기 시작하면 약한 불로 15분간 끓인 다음 불 끄고 5분간 뜸을 들이면 밥 짓기는 완성입니다.
18. 밥이 끓는 동안 채 친 무에,
19. 다진 대파랑,
20. 고춧가루, 깨소금, 간장, 식초를 넣고,

21. 조물조물 버무려서 간이 배게 10분 정도 방치해 둡니다. 마늘은 넣지 않습니다. 이 무침을 밥에 넣고 비벼먹어도 뒷맛이 깔끔한 게 아주 좋습니다.
22. 양념장은 간장에 다진 파와 고춧가루, 깨소금 그리고 참기름을 조금 넣고 개어둡니다. 마늘은 넣지 않습니다.
23. 밥 뜸이 다 들을 즈음해서 얼음물을 붓고 간장과 식초를 더합니다.
24. 25. 이제 기름이 좔좔 흐르는 김치밥이 다 되었습니다.
26. 김치밥을 대접에 담고 김치냉국과 양념장으로 세팅을 해봤습니다.
    김치밥에는 김치냉국 이상 다른 그 어떤 찬도 필요 없을 만큼 김치냉국이 찰떡궁합입니다.

105

김소정

01. 진주완자

전통음식만들기 22

진주완자

저희 집엔 아주 가끔씩 남편이 외국 분들을 초대해 식사를 할 때가 있습니다. 진주완자는 모양도 예쁘지만 맛이 자극적이지 않아서 외국 분들도 부담 없이 드시며 좋아하던 음식 중 하나입니다. 이대로 그냥 드셔도 되고 잣가루 뿌린 초간장에 찍어 드셔도 됩니다.

식재료:

다진 쇠고기와 돼지고기, 다진 생강, 마늘, 파, 참기름, 소금, 후추.

만드는 법 :

1. 다진 쇠고기와 돼지고기, 다진 생강, 마늘, 파, 참기름, 소금, 후추를 함께 넣고,
2. 재료를 골고루 섞는 다음 끈기가 나게 치댑니다. 3. 동그랗게 완자를 만들어서 불린 찹쌀에 굴립니다.
4. 5. 찜기에 25분 정도 쪄서 접시에 예쁘게 담으면 됩니다. 6. 7. 그냥 드셔도 되고 초간장에 찍어 드셔도 됩니다.

김송희

01. 연잎밥

전통음식만들기 23

연잎밥

백련잎밥 집에서 지어먹기

연꽃은 인도의 국화이고, 꽃말은 순결, 신성, 청정, 청순한 마음입니다.

진흙에서도 아름답고 천상의 향기를 내는 고귀한 꽃을 피워 불교를 상징하며, 그 모습이 크고 의젓하여 군자라고도 표현합니다.

5월이 되면 논에서는 벼들이 줄을 맞춰 자리를 잡고, 안착이 되면 땅기운을 받아 조금씩 푸르러 집니다.

　그즈음 연들은 물속에서 싹을 틔우며 동전 모양의 뜬잎(떡잎)을 하나씩 물위로 올려 보내고, 중순이 되면 송곳처럼 뾰족한 선잎이 물위로 올라오는 것이 보입니다. 이 선잎은 천천히 잎을 펼치다가 제가 자랄 수 있는 환경이 되었다 싶으면 갑자기 키가 쑥 커지며 물 위로 올라옵니다.
　연꽃은, 수면 위를 퍼져서 자라는 부엽식물인 수련과는 다릅니다. 잎과 줄기가 수면 위로 높이 솟아올라 공중에 자라는 정수식물입니다. 연잎은 발수성이라 물이 스며들지 않고 물방울이 또르르 굴러다닙니다. 연꽃은 6월말부터 피는데, 7월 중순에서 8월 하순까지가 절정입니다.

　연잎과 연꽃, 연뿌리는 모두 예로부터 중요한 한약재로 널리 사용되었지요.
　본초강목에도 연잎에는 얼굴을 빛나게 하고 머리카락을 검게 한다고 적혀 있어요.
　연잎엔 피부 노화를 방지하는데 탁월한 효과가 있고, 불면증, 스트레스 진정효과, 해열, 이뇨, 지사, 지혈, 피로회복과 독버섯의 해독제 역할까지 한다고 합니다.
　이렇게 좋은 약재인 연잎으로 만든 연잎밥은 공해와 피로, 스트레스에 지친 현대인들에게는 안전하고 편하게 상시 먹을 수 있는 보약입니다.

미래에는 공해가 점점 심해지고 오염이 됨으로 안심하고 먹을 수 있는 안전한 먹거리를 찾기가 몹시 어려워질 것이라며, 그런 시대에 연잎밥은 심신이 지친 사람들에게 훌륭한 대안이 될 것이라고 말하던 비구니스님이 생각납니다.

연잎밥은 바쁘게 살아가는 현대인들이 간편하게 먹을 수 있는 슬로우 푸드로 등장했습니다. '간편하다와 천천히' 이율배반적이지요. 시중에는 훌륭한 천연먹거리인 연잎밥을 간편하게 먹을 수 있도록 조리 과정의 절반 이상이 만들어져 보관하기 쉬운 제품들이 나와 있기 때문입니다. 냉동보관만 잘하면 1년 이상 맛과 영양도 변하지 않아 연잎밥의 참맛을 즐길 수 있지요.

대중성을 갖춘 연잎밥은 더욱 발전하여 기본적 백련잎밥에 곤드레를 첨가한 곤드레백련잎밥, 달큰한 호박고구마백련잎밥, 현미백련잎밥, 깨물 때 톡톡 터지는 맛이 일품인 들깨백련잎밥과 흑임자백련잎밥 등 다양한 맛의 백련잎밥이 기능성까지 갖추고 우리 곁에 와 있습니다.

그럼 백련잎밥을 만들어보겠습니다.

백련잎, 찹쌀 3컵, 흑미, 수수, 팥, 서리태, 대추, 은행, 소금 약간.

1. 백련잎은 흐르는 물에 깨끗이 씻어서 물기를 빼줍니다.
2. 찹쌀을 3~4회 깨끗이 씻어 8시간 동안 물에 담갔다가 소쿠리에 건져 놓습니다.
3. 팥, 수수, 흑미 등도 깨끗이 씻어 8~12시간 물에 담갔다가 소쿠리에 건져 놓습니다.
4. 고명인 서리태도 물에 씻어 불려 놓고, 대추도 씨를 빼서 준비하고, 은행도 손질해 놓습니다.
5. 불린 찹쌀에 팥, 수수, 흑미, 소금을 넣어 잘 섞어 놓습니다.
6. 물기가 빠진 백련잎에 5번을 담고, 4번 고명을 얹어 백련잎으로 잘 싸서 꽂이로 고정합니다.
7. 가마솥에 물을 붓고, 찜기(겅그레)를 얹어 그 위에 꽂이로 고정해서 싸놓은 백련잎밥을 올려 센 불에서 이십 분, 중불에서 이십 분 동안 푹 익힙니다.
   그렇게 찐 뒤에도, 금방 솥뚜껑을 열지 않습니다. 기다림이 필요한 요리입니다. 불을 끈 뒤 십여 분 정도 뚜껑 닫은 채로 솥에서 뜸을 드립니다.
8. 십여 분 정도 지나 뜸이 잘 들었으면 솥뚜껑을 열고, 주걱으로 푹 쪄진 백련잎밥을 한 덩이씩 꺼내 준비된 접시에 담아냅니다.

9. 잘 쪄진 백련잎을 천천히 벗기면, 연밥 위에는 노랗게 백련잎물이 물이 들었고, 진한 연향은 내 마음을 촉촉하게 적셔줍니다.

준비하는 과정이야 번다하지만, 한 번 만들어 보셔요.
정성껏 만든 연잎밥으로 가까운 지인들과 차를 한 잔 곁들여 정담을 나누시면 어떨까요?

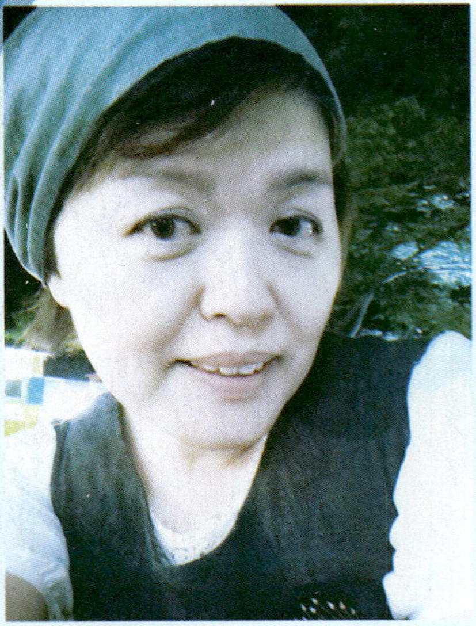

김 수 경

01, 곶감지짐

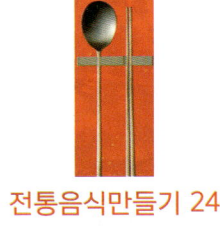

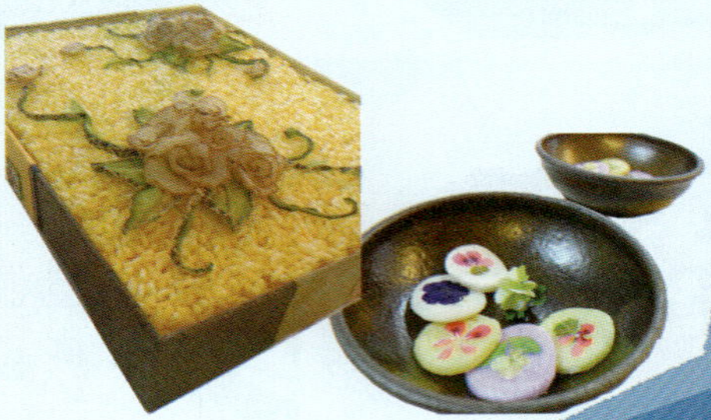

전통음식만들기 24

곶감지짐

제가 어릴 땐 겨울철 간식이 군고구마, 무, 곶감, 감말랭이었던 기억이 납니다. 추운 겨울 방학이면 할머니 방에 모여 앉아 화롯불도 놓고 그야말로 옛날이야기를 들으며 먹었던 곶감이 잊혀지지 않네요. 오늘은 우리 할머니의 손맛인 곶감지짐을 만들어봤어요.

우리 할머니는 외모부터가 남다른 포즈였습니다. 여장부 스타일에 85세에 돌아가실 때까지 그

김수경(대전)

야말로 부티가 주르르 흐르는 멋진 외모에 솜씨며 지혜며 누가 감히 따라올 수 없으실 만큼 다 갖추신 분이셨고 무엇보다도 우리 엄마를 친딸처럼 지극 정성 보살피며 사랑해주셨던 분입니다.

우리 올케가 시집와서 제일 걱정인 게 시할머니와 시어머니의 사이를 보고 본인이 그렇게 "살지 못하면 어떡하나?" 하는 걱정을 할 정도로 할머니와 우리 어머니는 각별한 관계였어요.

뿐만 아니라 손주들에 대한 학구열은 지금의 젊은 맘들을 능가했었죠. 그 시절, 제가 한 번 대학 입시에 쓴 고비를 맛보고 허탈해 하고 있을 때 저에게 해주신 말씀은 제가 살아가는데 지표가 될 만큼 큰 교훈이었습니다.

"누구나 다 대학 가고 싶은 마음이다. 너처럼 대학에 떨어지는 학생이 있어야 재수 학원도 먹고 산다. 할미가 뒤 봐줄 테니 걱정하지 말고 재수해 봐라……."

저는 살아가면서 어려운 일에 부딪칠 때마다 할머니 말씀을 떠올리면서 '그래, 다 마음대로 되는 법은 없다. 그래도 될 때까지 도전이다.'라는 마음으로 살아 갈 수 있는 도전 정신을 가르쳐주신 할머니이십니다.

그러시면서 나를 위로해주시던 음식이 달달한 이 곶감이었어요. 정성을 다해 만들어 먹이시면서 기가 죽어 있는 나를 위로한 요리였습니다. 말씀이 없는 대신 항상 음식이나 옷을 사주셨던 멋진 할머니였어요. 이제야 생각이 나서 만들어봤답니다. 그런데 갑자기 보고픔과 그리움에 눈물이 앞을 가리네요.

할머니는 돌아가셨지만 엄마께서 할머니 하시던 그대로 곶감을 햇빛에 반 건조시켜 겨울 이맘때쯤이면 친정에서 꼭 한 통씩 보내주시는 귀한 곶감입니다.

반 건조 곶감 5개, 찹쌀 1/2C(컵), 설탕3T(티스푼), 물 1/2C, 식용유.

1. 자연 건조시킨 곶감은 사진처럼 검습니다.
2. 곶감을 한 번 깨끗이 닦아줍니다.
3. 반을 갈라 씨를 빼줍니다.
4. 꼭지도 칼로 말끔히 잘라줍니다.
5. 설탕과 물을 넣어 끓여 식으면 곶감을 퐁당 넣었다 건집니다(그때 설탕인지 꿀인지를 넣었습니다).
6. 찹쌀가루로 앞뒤로 뒹굴리고,
7. 열을 가한 팬에 약한 불로 지져줍니다.
8. 한입 베어 물면 바삭한 소리가 나고 속은 몰캉한 게 달달한 자연의 맛입니다.
9. 이렇게 춥고 밤은 길 때 차 한 잔과 곶감지짐 한 접시. 정감 있고 이야기가 있는 요리가 아닐까 생각합니다.

김순남

01. 탕평채
02. 쑥갠떡(쑥절편)

전통음식만들기 25

탕평채

 탕평채라는 음식은 영조 때 여러 당파가 잘 협력하자는 탕평책을 논의하는 잔치 자리의 음식상에 처음으로 등장했다는 고사에서 유래합니다.
 1849년에 편찬된 동국세시기(東國歲時記)에 따르면, 탕평채는 그 당시 정치적 상황과 맞물려 만들어졌음을 알 수 있습니다.
 조선왕조 제21대 왕인 영조가 즉위했을 당시는 예전부터 지속되어 온 붕당 간의 대립이 치열한 시기였습니다. 영조는 각 붕당 사이의 첨예한 대립과 경쟁을 해소하는 것을 주요 목표로 삼았으며,

이를 위해 각 붕당의 인재를 고루 평등하게 등용하는 탕평책을 실시하였습니다. 영조가 탕평책을 펼치는 자리에서 음식으로 만들어 의지를 나타낸 것입니다.

　탕평채에 들어가는 재료의 색은 각 붕당을 상징했는데, 청포묵의 흰색은 서인을, 쇠고기의 붉은색은 남인을, 미나리의 푸른색은 동인을, 김의 검은색은 북인을 각각 상징했습니다. 각각 다른 색깔과 향의 재료들이 서로 섞여 조화로운 맛을 이뤄내는 탕평채는 영조의 탕평책의 상징을 은유한 것입니다.

　탕평채는 대개 늦봄에서 여름 사이에 먹는 음식입니다.

식재료

묵 200g, 쇠고기 150g, 숙주나물 100g, 미나리 50g, 김 반 장, 계란 3개.
양념 재료 : 소스는 조선간장 2TS(티스푼), 식초 1TS, 설탕 1TS, 검은 통깨 1TS, 참기름 1TS, 마늘 7알.

만드는 법 :

1. 탕평채를 만들기 위해서는 주재료인 청포묵을 먼저 만들었습니다. 녹두 녹말 가루 1컵에 물 6컵을 부어 청포묵 가루 즉, 녹두 녹말 가루를 잘 풀어준 다음 센 불에서 끓이다가 끓기 시작하면 중불로 해서 끓이다가 뜸을 들인 후 사각 그릇에 부어 식혀주면 됩니다.
2. 청포묵이 식을 동안 거두절미한 숙주를 삶아서 얼른 찬물에 담갔다가 물기를 빼준 후 소금과 참기름에 버무려놓습니다.
   다음은 미나리는 끓는 물에 소금 한 스푼을 넣어준 다음 살짝 데쳐서 찬물에 얼른 헹궈서 찬물에 담가 준 후 소금 참기름에 주물러 놓습니다.
   표고버섯은 두꺼우면 포를 떠서 곱게 채쳐서 볶아줍니다.
3. 계란은 황백으로 나눠서 지단을 부친 후 곱게 채쳐줍니다.
   당근도 곱게 채쳐서 소금 조금 넣고 살짝 볶아줍니다.
   소고기는 채 썰어 불고기 양념을 해서 잠깐 재워둔 후 물기 없이 볶아줍니다.
   청포묵은 채 썰어 뜨거운 물에 살짝 데쳐낸 후 차가운 물에 헹궈서 소금, 검은깨, 참기름으로 주물러 놓습니다.
4. 마늘소스는 마늘을 찧는 게 아니라 마늘을 아주 곱게 다집니다.
5. 아래 사진같이 마늘을 아주 곱게 다진 후 조선간장, 설탕, 식초, 참기름으로 맛을 냅니다. 소스가 아주 상큼합니다.
6. 이제 큰 접시에 보기 좋게 담은 다음 먹기 직전 소스를 뿌려 각자의 개인 접시에 담아냅니다.

전통음식만들기 26 > 김순남

쑥갠떡(쑥절편)

요즘 들과 산에 쑥이 지천입니다.
이렇게 흔하디흔한 쑥이 우리 몸에도 매우 좋다고 합니다.
그럼 쑥에 대해서 알아보겠습니다.

■ 쑥의 효능
  1. 여성 질환 개선에 탁월합니다.
  2. 성인병 예방에 좋습니다.
  3. 위염 치료에도 좋습니다
  4. 피부에 좋습니다.

5. 간 기능을 강화해줍니다.
6. 면역력을 증진시켜줍니다.

이렇게 좋은 쑥으로 쑥갠떡을 한 번 만들어 보겠습니다.

식재료:

쑥 삶은 것 1kg, 쌀가루 1kg, 참기름 한 스푼, 소금 약간만 있으면 됩니다.

만드는 법:

1. 쑥은 공해가 없는 곳에서 깨끗한 쑥을 뜯어 옵니다. 뜯어 온 쑥은 깨끗이 씻어서 삶아줍니다.
2. 삶아진 쑥은 다시 한 번 깨끗이 헹구어 놓습니다.
3. 헹구어진 쑥은 이렇게 믹서기에 곱게 갈아줍니다.
4. 갈아진 쑥을 준비해 놓습니다.
5. 그다음 5시간 이상 불린 쌀은 방앗간에서 소금 간을 하여 빻아 왔습니다.
6. 갈아진 쑥과 빻아온 쌀가루와 혼합하여 반죽은 된 수제비 반죽 정도로만 했습니다.

7. 혼합된 쑥반죽은 될 수 있으면 많이 치대어줍니다.
8. 많이 치댈수록 떡을 쪄 놓았을 때 많이 쫀득해집니다.
9. 쑥갠떡의 크기를 맞추기 위해 비슷한 양을 만들어 놓습니다.
10. 치댄 쑥은 조몰락거려서 손바닥만 하게 만들 수도 있지만 저는 틀을 이용하여 이렇게 빚어줍니다.
    보기 좋은 떡이 먹기도 좋다고 하였던가요? 아래 사진의 떡이 참 예쁘지요? 제 눈에는 예뻐 보입니다.
11. 다 빚어냈으면 찜통에 물과 소금 한 스푼을 넣고,
12. 면보를 깔아 찜통에 김이 오르면,
13. 빚어놓은 떡을 쪄줍니다. 찌는 시간은 센 불에서 10분 약한 불에서 5분 쪘더니 완전히 쪄진 상태입니다.
    잘 쪄졌는지 알려면 나무젓가락으로 찔러보아서 가루가 묻어나지 않으면 완전히 쪄진 상태입니다.
14. 쪄진 떡은 참기름과 물을 1:1로 섞어 솔로 떡의 앞뒤에 발라줍니다.
15. 쑥갠떡 완성입니다.

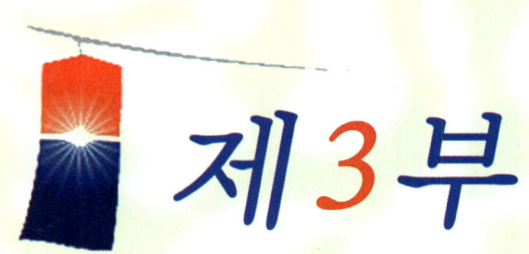

제 3 부

124 김 연 희
명이나물장아찌
오리백숙

132 김 영 옥
아욱죽
순무김치

138 김 은 희
보리굴비
새우장

144 김 인 구
경기식 추어탕

148 김 홍 기
묵은지에서 배우는 대교약졸의 지혜

156 김 효
안동 전통음식 집장

160 박 미 희
양삼죽

164 박 영 숙
원소병
안동식혜

172 박 은 정
배굴깍두기

176 범 공 천
배추 숨죽이기

178 서 은 자
캐나다로 이민 온 김부각

182 서 정 미
진달래찹쌀떡
어머니의 도토리묵가루

김연희

01. 명이나물장아찌
02. 오리백숙

전통음식만들기 27

명이나물장아찌

　제가 어렸을 적에 엄마께서 봄이면 여러 가지 봄나물을 뜯어다 쌈도 싸 드시고, 장아찌도 많이 만들어 두시고는 밑반찬으로 두고 두고 사용하시던 것을 보았지요.
　그중에 산마늘로 불려지는 나물이 있었는데 그때 저는 향이 있는 나물 종류는 잘 못 먹었어요.
　이상하게도 나이가 들어가면서 어릴 때 잘 먹지 못했던 음식들이 그리워지는지요.
　결혼을 해서 음식에 관심을 갖게 되다 보니, 옛날에 이야기 들었던 산마늘이란 이름을 가진 나물이 명이나물이란 것을 알게 되었고 마트에서 장아찌로 만들어서 판매되고 있는 명이나물장아찌

를 사서 먹기도 하였지요.

  그러던 어느 날 친구를 통해서 전통음식만들기 카페를 알게 되고부터 해마다 봄이 되면 각종 나물들을 꼭 구매해서 쌈으로도 먹고 장아찌를 담가 두고두고 먹고 있습니다.

  특히 입맛이 없을 때 먹으면 잃은 입맛을 돋우어줄 뿐만 아니라 특히 고기를 구워서 같이 쌈을 싸서 먹으면 정말 맛이 있더군요.

  올봄에도 싱싱하고 탐스러운 명이나물을 구매하여 장아찌를 담아봅니다.

식재료 :

명이나물 6kg, 물 9L(리터), 진간장 3L, 식초 300ml(밀리리터), 설탕 1kg,
다시마 6조각, 마른 청양고추 8개.

만드는 법 :

우선 큰 솥이나 들통에 위의 재료를 담아 쎈 불에서 팔팔 끓여 초간장을 만듭니다.

1. 명이나물은 혹시 벌레나 벌레 알이 있을 수도 있으니 꼼꼼히 잘 살펴서 다듬어줍니다.
2. 쳐진 줄기 부분에 흙이나 이물질이 끼어 있으므로 잘 다듬어,
3. 흐르는 물에 깨끗이 씻어 소쿠리에 건져서 물기를 빼줍니다. 명이나물이 엄청 싱싱하고 통통합니다.
4. 물기를 뺀 명이나물을 커다란 통에 가지런히 담아 끓여놓은 간장을 뜨거울 때 붓고 숨이 죽으면 간장 위로 나물이 떠오르지 않게 누름돌로 눌러주고 3~4일 후에 간장만 따라내어 다시 한 번 다리듯이 팔팔 끓여 차갑게 식힌 다음 부어주면 완성입니다.
5. 스테인리스 용기에 완성된 장아찌를 가지런히 옮겨 담아 냉장고에 보관하고 한두 달 숙성시킨 후에 꺼내 드시면 됩니다(바로 먹어도 되지만 숙성되어야 깊은 맛이 납니다).
6. 두 달 후 꺼내보았습니다. 빛깔이 좋습니다. 줄기도 연하고 맛있습니다.

7. 장아찌를 접시에 가지런하게 펴서놓고,
8. 오리고기를 구워서 명이장아찌 위에 얹고 청양고추와 마늘도 올려,
9. 돌돌 말아서 먹으니 참 맛있습니다.
10. 고기 없이 밥만 싸서 먹어도 간도 딱 맞고 정말 맛있어요, 입맛 돌아옵니다.
11. 12. 명이나물을 조금 남겨서 양념 간장을 만든 후 장아찌도 담가보았습니다.

명이나물양념장아찌 만들기

찹쌀풀, 진간장 조금, 멸치액젓 조금, 고춧가루, 간 양파, 간 마늘, 매실청, 통깨.

13. 모든 양념을 고루 섞어준 뒤, 명이나물에 양념을 고루 묻혀줍니다. 간이 잘 배이도록 뒤적여줍니다.
14. 알맞은 용기에 담아 냉장고에 보관하고 조금씩 꺼내서 먹습니다.
15. 바로 먹어도 참 맛있습니다.

전통음식만들기 28 > 김연희

오리백숙

눈물의 오리백숙

고깃국을 무척이나 좋아하시던 제 아버지께서 맛있게 잘 드시던 음식 중에 큰딸이 끓여드리는 오리백숙을 참 많이 좋아하셨지요. 7년 전 이맘때쯤 전화를 하시어,

"네 엄마가 입맛이 없단다."

엄마를 걱정하시면서 뭘 해줘야 잘 먹고 기운을 차릴지 하시며 긴 한숨을 내쉬는 소리가 수화기 너머로 들려오더군요.

늘 그렇듯 제 어렸을 적부터 건강이 좋질 않으신 엄마를 돌보시고 어린 자식들도 챙기시며 고단함 속에서도 찌증 한 번 안 내시며 살아오신 분이 제 아버지세요.

그날 큰딸인 저는 오리백숙을 끓여서 가져다 드리기로 약속을 하고 맛있게 정성을 다해 만들었지요.

부리나케 만든 백숙을 들고 친정엘 갔습니다. 백숙 다리를 하나씩 뜯어서 엄마, 아버지께 나누어 담아드리니 두 분 다 참 맛있게도 드시더군요.

저희 엄마는 입도 짧으시어 무슨 음식이든지 딱 한 번 맛있게 드시면 두 번을 안 드시는 까탈스러운 식성을 지니신 탓에 남은 음식은 늘상 아버지 몫으로 남아 며칠이고 혼자서 다 드시곤 하셨어요.

어느 날 보기 안쓰러워,

"아버지 계속 드시기 질리지 않으세요?"

하고 여쭈니,

"난 고깃국은 일 년 내내 먹어도 좋다."

하시며 웃으셨지요. 그날 맛있게 드시는 엄마에게 얼굴 가까이 들여다보시며,

"맛있나?"

하고 아버지께서 물으시니 고개를 끄덕이며 맛있다고 답하는 엄마께,

"우리 한날 한시에 가자."

하고 말씀하시는데, 더 이상 앉아 있을 수 없어 밖으로 뛰쳐나오며,

"저 가요~!"

그냥 집으로 돌아오는 길에 폭풍처럼 쏟아지는 눈물을 막을 수도 없어 한없이 울었던 기억이 지금도 생생합니다.

그해 봄 생신을 며칠 앞둔 어느 날 밤새 잘 주무시고 아침부터 갑자기 편찮으시다는 전화를 받고 달려가 보니 누워계신 아버지는 숨이 많이 차고 가빠하시면서도 어제 술을 많이 먹어서 술병 난 거니까 괜찮다 하시면서,

"가게 바쁜데 어여 가서 장사해라."

그 말씀이 아버지가 큰딸인 저에게 해주신 마지막 말씀이셨습니다.

입맛 잃은 엄마를 드리려고 만든 오리백숙은 어쩌면 고깃국을 좋아하시는 친정아버지께 드리고픈 마음이 더 강했을지도…….

그게 아버지께 큰딸인 제가 해드린 마지막 오리백숙이 되었네요.

식재료

오리 1마리, 찹쌀 300g, 국산황기 5뿌리, 엄나무 3조각, 녹두 200g, 감자 2개, 구기자 2숟가락, 대추 10알, 감초 2조각, 마늘 두 움큼, 깐밤 한 움큼, 홍삼 가루 1숟가락.

만드는 법 :

1. 오리는 기름을 알뜰히 떼어내고 깨끗이 씻어서 준비해둡니다.
2. 황기는 물에 불려서 건져놓고 다른 재료는 깨끗이 씻어놓습니다.
3. 찹쌀과 녹두도 씻어서 1시간 이상 물에 담가 불려놓습니다.
4. 20인분 압력솥입니다(국물이 많은 음식이므로 넉넉한 게 좋습니다).
5. 찹쌀과 마늘, 대추, 밤 몇 알만 남기고 모든 재료를 압력솥에 넣습니다.
6. 씻어놓은 오리 뱃속에 불려 놓은 찹쌀을 넣어주고 감자도 두 개를 큼직하게 잘라서 양 옆으로 넣습니다. 마늘, 깐 밤, 대추도 위에 얹고, 오리가 잠길 만큼 물을 붓고 압력솥 뚜껑을 닫습니다.
7. 잠김 버튼 꼭 확인한 후, 센 불에서 압력솥 추가 돌기 시작하면 약한 불에서 15분 동안 끓인 뒤(기호에 따라서 더 끓여도 됩니다), 불을 끄고 뜸을 들이면 됩니다.

8. 딱 알맞게 잘 되었습니다.
9. 완성된 오리백숙을 냄비에 옮겨 담아 한 번 더 끓여줍니다.
10. 죽도 맛있게 잘 되었습니다.
11. 오리백숙 상차림 완성입니다.

아버지 감사합니다.

김 영 옥

01. 아욱죽
02. 순무김치

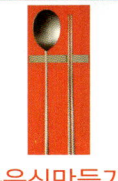

전통음식만들기 29

아욱죽

    오늘 아침엔 아욱죽을 쑤어서 남편과 함께 모처럼 특별식으로 먹었습니다. 아욱은 부드럽고 영양가 높은 식물로서 예전엔 여름 음식으로 된장국에 마른 새우를 넣고 끓여먹었습니다. 가을 아욱국은 대문 걸고 먹는다는 풍습이 전해 내려올 만큼 맛과 영양이 뛰어납니다.
    아욱은 한해살이 약용식물이기도 합니다. 여름이면 즐겨먹던 것인데 이제는 사계절 어디서나 쉽게 구해서 먹을 수 있습니다. 아욱죽은 특히 친정할머님께서 즐겨 드시던 음식입니다. 위가 약하신

할머님께서는 여름이면 늘 아욱죽과 시금치죽 등 부드러운 음식을 찾으셔서 친정어머님께선 여름이면 가족들 먹을 밥 따로, 할머님 드실 죽을 따로 준비하시는 걸 보았습니다. 오늘 아침엔 할머님 생각도 나고, 나도 여름이면 한 번씩 해먹는 음식이라서 아욱죽을 한 번 끓여보았습니다.

식재료 :

아욱, 조선간장(집간장), 쌀 한 줌, 물.
* 아욱죽은 조선간장(집간장)으로 간을 해야 한층 더 고소한 맛이 납니다.

만드는 법 :

1. 텃밭에 심어놓은 아욱 푸르른 것이 싱싱해 보입니다. 비를 맞더니 한층 더 푸르름이 더합니다.

2. 평상 위에서 다듬을 준비를 합니다.
3. 껍질 벗긴 아욱이 한 바구니 가득입니다.
4. 아욱을 데쳐서 송송 썰어주고,
5. 쌀을 한 줌 불려두었다가 끓으면 삶아놓은 아욱을 넣고 끓여줍니다.
6. 아욱죽이 완성되었습니다.

　지인 댁에서 오이지가 익었다고 가져왔기에 썰어놓고 텃밭에서 마늘종과 오이 한 개를 따다가 곁들이니 궁합이 잘 맞습니다. 할머니 생각을 하면서 죽 한 그릇을 다 비웠습니다.

전통음식만들기 30 > 김영옥

순무김치

순무는 겨자과의 한해살이 식물입니다.

순무는 항암효과에 좋고 변비와 이뇨작용에 탁월합니다.
순무김치와 황석어젓은 찰떡궁합입니다.
조선시대 25대 철종(원범) 임금님이 외가에서 지낼 때 드셨던 순무김치가 그리워서 강화도에서 순무를 궁에 들여 드셨다는 기록도 전해져옵니다.

순무김치와 고모

나는 순무김치를 담글 때면 문득 떠오르는 한 분이 계십니다. 몇 년 전 폐암으로 고생하시다 저세상으로 떠나신 친정 막내고모님이십니다. 황석어젓과 순무는 찰떡궁합입니다.

그래서인지 제가 자란 친정집에서는 봄이면 황석어젓을 담으셨습니다. 제 어릴 적 기억 속엔 황석어를 머리에 이고 팔러 다니시던 생선장수 아주머니들이 계셨고 또 아저씨들이 짚으로 엮은 가마니를 지게에 지고 다니시며 파셨던 기억도 떠오릅니다.

봄에 담는(5~6월) 황석어젓이 제일 맛나다고 늘 말씀하시며 황석어젓을 담가두고 가을철에 곰삭은 황석어젓갈로 순무김치를 담으셨던 친정어머니 생각도 떠오릅니다.

고모님이 병원에 계실 때 병문안을 갔었습니다.

"드시고 싶은 것 있으면 말씀하세요? 고모 뵈러 올 때 사다 드릴게요."

하고 여쭈어 보았더니 고모님은,

"황석어를 넣은 순무 김치가 먹고 싶다."고 힘없는 목소리로 말씀하셨습니다.

"네. 제가 꼭 만들어다 드릴게요."

그날, 고모님은 아마도 친정에서부터 드셨던 황석어 순무 김치가 나를 보니 그리우셨나봅니다.

하지만 안타깝게도 순무김치를 담아다 드리기도 전에 돌아가셨다는 연락이 왔습니다. 저는 순무김치를 담글 때면 늘 돌아가신 친정 막내고모님이 생각나서 그립습니다. 빨리 못 해다 드린 죄송함과 함께……

식재료

순무 2단 12개, 소금, 마늘, 생강, 파, 고춧가루 3컵, 웅어젓갈 1컵 반, 멸치액젓 1컵, 배청 2컵, 새우젓 반 컵, 소금 반 컵, 배 2개, 육수용 재료(통북어 1마리, 물 3리터, 다시마 200g, 말린 도라지 300g, 표고버섯 6개, 파뿌리 200g). 육수 1.5L(리터).

만드는 법

1. 순무 2단 12개.
2. 잎만 따로 떼어내서 절여줍니다.
3. 순무는 무만 다듬어 씻어서 1x4cm 크기로 도톰하게 썰어서 준비합니다.
4. 순무 썰 준비가 되었습니다.

5. 절여진 잎은 적당한 크기로 먹기 좋게 썰어서 준비해줍니다.
6. 마늘, 생강, 파, 고춧가루 3컵, 웅어젓갈 1컵 반, 멸치액젓 1컵, 배청 2컵, 새우젓 반 컵, 소금 반 컵, 배 2개, 육수 1.5리터, 육수는 기호에 따라 넣어주시면 됩니다. 저는 올해 웅어젓갈을 담가서 푹 끓여 물만 창호지를 얹고 걸러주었더니 아주 맛있는 젓갈이 되었습니다. 순무는 수분이 없는 관계로 꼭 육수나 생수를 넣고 김치를 만드셔야 시원하고 맛이 있습니다.
7. 육수는 통북어 1마리, 물 3리터, 다시마 200g, 말린 도라지 300g, 표고버섯 6개, 파뿌리 200g을 넣고 푹 끓여주시면 맛있는 육수가 만들어집니다.
8. 체에 물만 걸러서 차게 식혀줍니다.
9. 순무에 고춧가루로 먼저 고춧물을 들인 다음 준비한 양념과 육수를 넣고 살살 버무려주면 됩니다.
10. 11. 먹음직한 김치가 완성됐습니다.

김은희

01. 보리굴비
02. 새우장

전통음식만들기 31

보리굴비

　추석 명절이 다가오면 시중에 굴비가 많이 나옵니다. 텔레비전의 예능 프로그램에서 남도 맛 기행을 가서 출연진들이 굴비정식을 먹는 모습을 보니 너무나 맛나 보여 저희 집 식구들에게도 맛보여 주고 싶어 보리굴비를 구매하였습니다.

　몇 년 전 친정오빠가 <○○보쌈>이라는 프랜차이즈 음식점에서 파는 고추장 양념이 된 굴비를 선물로 보내줘서 맛본 적이 있는데 씹히는 굴비의 식감보다는 양념이 훨씬 많아 밥에 비벼먹는 비빔고추장 같은 맛이었던 기억이 있습니다.

식재료 :

보리굴비, 쌀뜨물, 조청, 고추장, 다진 마늘, 청양고추, 매실청.

만드는 법 :

1. 보리굴비를 쌀뜨물에 30여 분 담가둡니다. 시간이 지나니 쌀뜨물이 노르스름하게 보리굴비 색으로 물들었습니다.
2. 냄비에 찜기(겅그레)를 놓고 면보를 깔아 쌀뜨물에 담갔던 보리굴비를 올려 뜨거운 김으로 10여 분 쪄냅니다.
3. 쪄낸 보리굴비를 한 김 식혀 머리를 떼어내고 등쪽에서 반을 갈라 굴비의 등뼈를 가르려고 보니 기름기가 좔좔 흐르는 것이 먹음직스럽게 윤이 납니다.

4. 보리굴비의 머리를 떼어내고 껍질을 벗기고 지느러미까지 떼어내어
5. 살만 발라놓고 보니 열댓 마리를 발라도 양이 많지 않습니다.
6. 큰 살집은 으깨가며 잔뼈까지도 모두 골라내고 보리굴비가 짠맛이 있기에 먼저 조청으로 단맛을 입혀주고 난 후 고추장, 다진 마늘, 청양고추, 매실청으로 양념을 해서,
7. 열소독해 식힌 저장용 유리병에 담아두고 먹을 때마다 덜어 먹습니다.

전통음식만들기 32 > 김은희

새우장

식재료

자연산 대하 암컷 2kg, 새우장용 간장(간장게장).
양념장 재료 : 멸치 맛국물 10컵, 양조간장 5컵, 양념즙(무, 배, 양파, 마늘 각각 100g씩과 생강 10g을 주서기에 갈아 면보자기에 넣어 꼭 짜서 낸 즙) 1컵, 마늘, 생강, 통후추, 월계수 잎, 매실청, 청양고추, 대파, 양파, 씨를 빼서 슬라이스 한 사과와 배.

만드는 법 :

새우장을 담아보았습니다. 기존의 새우장들은 껍질째 담으시는 게 보통인데 저희 집 식구들이 먹을 때 새우장을 손으로 집으면 장 냄새가 나는 것이 싫어 먹기 편하기 위해 새우의 껍질을 모두 까서 담았습니다.

1. 자연산 대하 암컷 2kg입니다.
2. 몸통이 길고 굵어 손질하기 쉽습니다.
3. 대하의 몸통 껍질을 까고 대하 머리 앞 수염과 뾰족한 주둥이 끝을 잘라 거칠지 않게 다듬고 이쑤시개로 대하의 등 위쪽 마디 안쪽의 내장을 빼냅니다.
4. 다듬은 대하들을 장을 담글 통에 차곡차곡 쌓아놓고,
5. 새우장용 간장을 준비합니다. 새우장용 간장은 꽃게장(간장게장)과 동일하며 껍질을 깐 상태의 대하는 간이 더 잘 배기 때문에 간장게장용의 간장의 절반만 사용하였습니다.
   양념장 재료는 멸치 맛국물 10컵, 양조간장 5컵, 양념즙(무, 배, 양파, 마늘 각각 100g씩과 생강 10g을 주스기에 갈아 면보자기에 넣어 꼭 짜서 즙을 냅니다.) 1컵, 마늘, 생강, 통후추, 월계수 잎, 매실청, 청양고추, 대파, 양파, 씨를 빼서 슬라이스 한 사과와 배를 넣어 위의 양념장과 함께 끓여 식혀 대하가 잠기게 붓고 재워 간이 배면 먹습니다.
6. 새우장을 초밥처럼 한 입 크기로 밥알을 뭉쳐 새우장의 머리를 떼고 등쪽에 칼집을 내어 밥 위에 올려 드셔도 좋습니다.

본문 속에 나오는 인용서 살펴보기

▣ 동국세시기東國歲時記란 어떤 책인가?

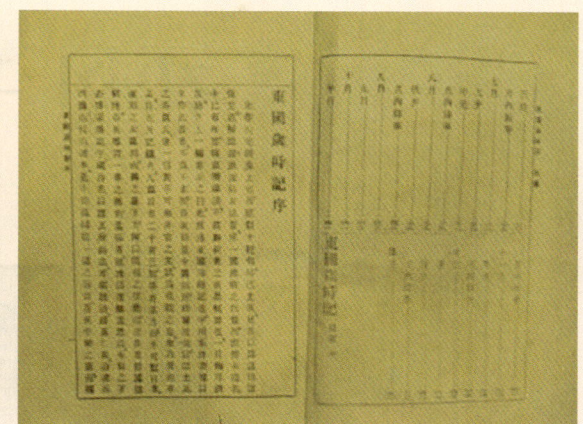

본문 118면과 244면에 인용되고 있는 <동국세시기(東國歲時記)>란?

조선 후기의 학자인 홍석모(洪錫謨)가 우리나라 연중행사와 풍속 등을 정리하여 설명한 세시풍속지다.

1책 필사본이 전해지고 있으며, 책 맨 앞에 이자유(李子有)의 서문이 1849년(헌종 15) 9월 13일에 씌어진 것으로 보아 1849년에 완성된 것으로 보인다.

이 책에서는 정월부터 12월까지 1년간의 행사와 풍속을 23항목으로 분류하여 월별로 정연하게 기록하고 있다.

정월에는 문안비(問安婢)와 세함(歲銜), 떡국 등 여러 가지 새해행사를 열거하고 있는데, 설빔을 세장(歲粧)이라고 하는 등 순수한 우리말을 구태여 한자어로 고쳐 쓰려 한 흔적이 거슬린다.

각 지방의 풍속으로는 양서의 용의 알 뜨기, 충청도의 횃불싸움, 관동지방의 새 쫓기, 영남의 칡줄다리기 등이 소개되어 있다. 특히 제주도의 풍습은 본토와 다른 것이 많아 많은 기사가 실려 있다. 또한 각 시기마다의 별식인 시식(時食)을 소개하고 있는 점이 주목된다.

이 책은 종래 민속을 해설한 책 중에서 가장 상세하고 세밀하며, 당시 이미 없어진 민속도 <동국여지승람>에서 전제하여 수록해놓았다. 그리고 각 지방마다 차이가 있는 풍속들도 많이 기술되어 있는 자료집으로서, 우리나라 세시풍속 연구의 중요한 기본문헌이 되고 있으나 저자는 굳이 우리나라 세시풍속의 시원과 유래를 억지로 중국에서 찾으려고 하는 경향이 보이는데, 이 점은 당대 지식인들의 중국 중심의 사고방식에서 나오는 시대적 한계성이라고 풀이되고 있다.

143

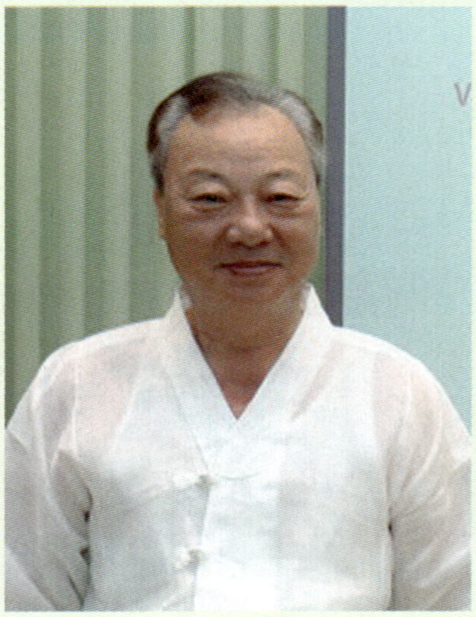

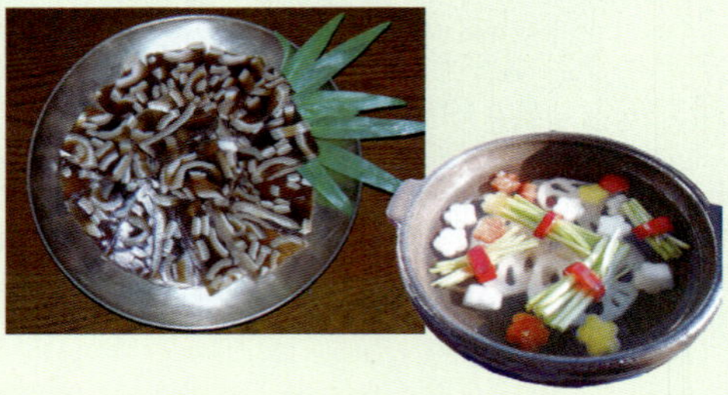

전통음식만들기 33

경기식 추어탕

"추어탕은 미꾸라지를 넣고 양념하여 얼큰하게 끓인 국으로 <추탕>이라고도 부릅니다. 19세기 이규경(李圭景)이 쓴 <오주연문장전산고(五洲衍文長箋散稿)> 라는 백과사전에는 '추두부탕(鰍豆腐湯)'이라는 명칭으로 기록되어 있으며, 맛이 매우 기름지고 성균관의 반인(泮人)들이 즐겨 먹던 음식으로 전해지고 있습니다."

식재료 :

미꾸라지 1kg, 소고기, 마늘, 새우, 굴, 양파, 고춧가루, 된장, 소금, 호박, 파, 삼채, 토란대, 고사리, 버섯, 배추, 당근.

만드는 법 :

1. 미꾸라지에 소금을 뿌려 깨끗이 씻은 후,
2. 생강 다진 것 2숟갈 넣고 먼저 한소끔 끓여놓고 다른 부재료들을 준비합니다.
3. 파, 삼채, 쇠고기(업진)를 준비합니다.

4. 새우살도 넣고,
5. 굴도 넣고,
6. 고사리와 토란대는 삶아서 넣고,
7. 버섯은 물에 불려 찢어서 넣고,
8. 얼가리 배추는 삶아 넣습니다.
9. 당근은 깍둑썰기로 썰어서 넣고,

10. 늙은 호박도 껍질을 까서 썰어 넣습니다.
11. 소고기는 잘게 썰어놓습니다(업진을 넣어야 좋음).
12. 양파, 감자도 썰어놓습니다.
13. 모두 함께 넣고 푹 끓입니다.
14. 파는 썰어놓았다가 맨 나중에 넣습니다. 고운 고춧가루와 생강, 마늘 다진 것, 소금은 양에 따라 취향에 따라 양념을 하시고 1시간 정도 끓이다가, 먼저 끓여둔 미꾸라지를 넣고 다시 20분 정도 더 끓이면 완성입니다.
15. 완성입니다. 한 그릇 먹으면 든든합니다.

전통음식만들기 34

묵은지에서 배우는
대교약졸의 지혜

우리 동네에는 어린 시절 고사리손에 도시락 주머니 둘러메고 종종 소풍을 갔던 추사고택이 있습니다. 지금도 문득 생각이 나거나 외지에서 손님이 오시면 자주 찾는 코스 중의 한 곳이지요.

그곳에 가면 의젓한 고택 왼쪽으로 김정희 선생의 묘소가 있고, 오른쪽으로는 남편 월성위가 병

사하자 보름을 굶어 부군을 따라갔다는 조선의 여인 화순옹주 묘가 있지요. 그리고 조선시대 사랑의 아이콘 화순옹주 묘 앞에 은행나무 한 그루가 있는데요, 그 은행나무 아래서 사랑을 약속하면 그 사랑이 영원토록 변치 않는다 하여 청춘남녀들이 즐겨 찾곤 한답니다.

그리고 고택에서 조금 떨어진 곳에 화암사라는 아담한 절집이 있는데 이곳이 바로 추사 선생 댁의 원찰인데요, 이곳에 가면 화암사 현판으로 걸린 '무량수각'이라는 선생의 작품을 감상할 수 있습니다.

뿐만 아니라 요사채를 지나 화암사 절집 뒷쪽으로 가면 병풍처럼 늘어선 바위에 선생께서 직접 글을 쓰고 새겨놓은 '시경', '천축고선생댁'이라는 친필을 감상할 수 있습니다.

그런 다음 병풍바위 왼쪽으로 난 작은 길을 따라 올라가면 용산이라는 작은 산이 있는데, 그 산에 올라가 보면 산등성이를 따라 길게 늘어선 바위가 있습니다. 마치 용의 등에 솟은 비늘 같은 바위 옆으로 난 산길을 따라 산 끝자락으로 가다보면 선생께서 큼지막한 바위벽에 새겨놓은 '소봉래'라는 작품도 감상할 수 있습니다.

혹시 추사선생의 삶과 예술에 대해 궁금하신 분들이 계시면 최근 지인이 출간한 다음 책을 권해 드립니다.

<우리가 몰랐던 예산 문화유산 이야기>(글 강희진, 사진 신경철, 도서출판 나무와 숲, 2013. 2. 5.)

물론 유홍준 선생의 <완당평전>이라는 책이 있긴 하지만 느낌도 사뭇 다를 뿐더러 읽는 재미도 쏠쏠하답니다.

각설하고, 이렇듯 어릴 적부터 완당 선생의 생가인 추사고택에 자주 들렸던 인연 탓인지 언제부턴가 옛 글씨와 옛 그림, 불상과 석탑, 도자기와 한옥 등 우리 문화유산에 관심을 갖게 되었고, 특히나 당대 최고의 석학이자 최고의 감식안인 '금강안'으로 칭송받던 완당 선생의 서화에 매료되었던 적이 있었습니다.

선생에 비하면 나는 여전히 아직 이빨도 나지 않은 갓난애에 불과하지만, 그래도 그런 인연 덕분으로 남들이 무심결 지나치는 사물에서 아름다움을 감지할 수 있는 안목을 얻게 되었으니, 선생과의 인연 덕분으로 세상 사는 재미 하나를 더 건졌으니 이 또한 고맙고 감사할 따름입니다.

한때는 선생께서 쓴 두 개의 '무량수각(无量壽閣)' 편액 중 예산 화암사에 있는 획이 가늘면서도 힘과 멋이 함께 느껴지는 편액의 글씨가 참 좋아보였는데, 어느 날 선생께서 완숙의 경지를 뛰어넘은 절필 '판전'과 마주할 때의 그 느낌은 말로 형언하기 어려울 만큼 큰 충격이었습니다.

지금도 서울에 있는 절집 봉은사에 가면 완당 선생께서 서거 3일 전에 쓴 마지막 작품 '판전'이 현판으로 걸려 있습니다.

특히, 선생의 대표작 중 하나로 손꼽히는 <잔서완석루(殘書頑石樓, 다 떨어진 책과 무뚝뚝한 돌이 있는 서재)>, 제주도 유배 후 강상(한강 용산변의 강마을) 시절의 대표작 <선게비불 리장비유(禪偈非佛 理障非儒, 염불과 독송이 선승이 아니요, 원칙만 고집한다고 선비가 아니다)>, 그리고 앞서 말한 선생의 절필 <판전(板殿, 불교 경전을 새겨 놓은 목판을 보관하는 건물을 뜻함)>, 세 작품은 모두 한 사람의 작품이라고 보기 힘들 만큼 개성이 강한 글씨라는 점이 자못 놀랍습니다.

지금도 어쩌다 선생께서 일갈하신 다음 말씀을 혼자 되새길 때마다 참으로 많은 생각을 하게 됩니다. "글씨 쓰는 법은 사람마다 전수받을 수 있지만, 정신과 흥취는 사람마다 자신이 스스로 이룩하는 것이다. 정신이 없는 글은 그 서법이 아무리 볼만해도 오래 두고 완상하지 못하며, 흥취가 없는 글은 그 글자 체(體)가 아무리 아름다워도 고작 글씨 잘 쓰는 기술자라는 말밖에 듣지 못한다. 흉중

(胸中)의 기세(氣勢)가 글자 속과 행간에 흘러나와 혹은 웅장하고 혹은 넉넉하여 막을래야 막을 수 없어야 하는데, 만일 겨우 점과 획에서만 글씨의 기세를 논한다면 아직 한 단계 멀었다 할 것이다."
– 출처: 선생의 시문집을 묶어 출간한 <완당집(阮堂集)>(원명은 <완당 선생집(阮堂先生集)>

그렇게 완당 선생님의 마지막 작품 '판전'을 통해 노자 선생께서 말씀하신 '대교약졸(大巧若拙, 도덕경 45장)'의 참뜻을 살짝 엿보게 되었고, 그 이후로 저의 삶의 방식과 생활철학에도 많은 변화가 있었는데요, 요리 또한 마찬가지입니다.

이런 인연으로 언제부턴가 '생활과 요리는 절제의 미학'이라는 나름대로의 철학과 원칙을 세우게 되었는데, 어쩌면 내가 유독 묵은지나 짠지와 같은 소박한 옛 음식에 애착을 갖는 것도 이런 이유 때문인지도 모릅니다.

봄 입맛 하면
뭐니뭐니 해도
냉이와 달래다

땅기운과 된장 맛이
냉이와 어우러져 피워내는
그 구수한 향기며

시커먼 조선간장과
하얀 달래뿌리가 하나로 어우러진
그 맛깔스런 칼큼함

그런데 언제부턴가 내겐
거무티티한 짠지에서 봄맛을 느끼는
기이한 습성이 생겼다

겨우내 장독대에서
소금기에 쩔고 쩔어
때깔조차 거무티티한 짠지

그 놈을 달달 볶아
뭐 양념이랄 것도 없이
그저 맑강물에 소금기나 우려내고

파 마늘 숭숭 썰어넣고
들기름 살짝 쳐 달달 볶으면
햐, 신기하여라
이 못 생긴 놈

대체 어디서 이런
기막힌 맛이 배어 나오지
짠지 몇 점에 밥 한 그릇 뚝딱 해치우면
어느새 내 몸 가득 봄맛이 푼푼하다

말갛고 곱고 화사한 것
달콤하고 향기로운 것만이
인생의 전부가 아니듯
새로 피어나는 것만 봄이 아니다

묵을대로 묵고 쩔대로 쩔은
거무티티한 짠지 속에도
향긋함으로는 대체할 수 없는
말간 봄맛이 푼푼하게 숨어있다는
아, 이 기막힌 역설

– 2001년에 쓴 졸시 '짠지 속의 봄맛' 전문

    겨울인가 했더니 어느새 우수 경칩이 훌쩍 지나고 '짠지 속의 봄맛'을 푼푼하게 느낄 수 있는 계절이 코앞으로 다가왔으니 오늘은 묵은지와 짠지를 곁들인 소박한 밥상을 차릴 작정입니다.

식재료 :

묵은지, 무청짠지, 다진마늘, 대파, 쌀뜨물, 상추.

만드는 법 :

1. 2. 3. 우선 묵은지는 양념을 탈탈 털어 준비하고 항아리에서 꺼내 말강물에 우려둔 짠지도 준비합니다.
4. 5. 6. 다 우렸으면 먹기 좋은 크기로 자릅니다.
7. 볶을 때 양념으로 넣을 통마늘을 도마에 올려놓고, 칼을 뉘어 탁 친 다음 손잡이 뒷부분으로 다져 놓습니다.
8. 대파도 대궁을 가른 뒤 쫑쫑 썰어 준비합니다.

9. 10. 11. 재료가 다 준비 되었고,

12. 다진 파, 다진 마늘, 쌀뜨물도 준비합니다.

13. 팬이 달궈지면 들기름을 넉넉히 두른 다음 마늘을 볶다가,

14. 파를 넣고 향을 낸 다음,

15. 준비해둔 우거지를 넣습니다.

16. 쌀뜨물을 자작하게 국자로 떠 넣고,

17. 달달 볶습니다.

18. 상추에다 볶은 배추우거지를 올리고 된장을 곁들여 한 쌈 맛을 봅니다. 저는 주로 이렇게 상추나 배추쌈에 묵은지를 싸 먹는 것을 즐기는 편입니다.

19. 마찬가지 방법으로,
20. 무청 짠지도 볶고,
21. 무짠지도 볶습니다.
22. 23. 24. 다 됐습니다. 이제 따끈따끈한 밥을 지어 '짠지 속의 봄맛'을 푼푼하게 느낄 차례입니다.

김 효

01. 안동 전통음식 집장

전통음식만들기 13

안동 전통 음식 '집장'

    안녕하세요. 100세 시대에 건강 음식이 유행인 요즘 저만의 전통 음식을 여러분들께 소개합니다. 제가 소개하려는 음식은 안동 전통 음식인 '집장'입니다. 집장은 우리 선조들이 개발한 아주 과학적인 발효식품입니다. 드라마 '대장금'에서도 소개된 바 있으며, 옛날 궁중이나 양반가에서 귀하게 여긴 밑반찬으로 널리 알려져 있습니다.

주재료는 여러 가지 채소와 곡물가루를 이용해 잘 버무려 발효시켜 만든 음식이에요. 집장은 설탕을 전혀 넣지 않으며 곡물과 야채로만 만들기 때문에 지방질은 전혀 없답니다. 단백질, 비타민, 섬유질, 칼슘 등 많은 영양소를 고루 섭취할 수 있어 식이요법이나 건강 다이어트에도 아주 적격이랍니다. 특히 모든 채소에 다량 함유된 섬유질 덕분에 변비가 없으며 소화가 잘 된답니다.

식재료

무, 무청, 가지, 청양고추, 부추, 표고버섯, 다시마, 말린 도라지, 박고지, 콩 띄운 가루, 밀 띄운 가루, 엿기름가루, 고운 고춧가루, 찹쌀, 물엿, 소금.

만드는 법 :

1. 먼저, 각종 야채를 깨끗이 씻어줍니다. 저는 무, 무청, 가지, 청양고추, 부추, 표고버섯, 다시마, 말린 도라지, 박고지를 준비했습니다.
2. 그다음 콩 띄운 가루, 밀 띄운 가루, 엿기름가루, 고운 고춧가루, 찹쌀, 물엿, 소금을 준비합니다. 이때, 불려놓은 찹쌀로 풀을 쑤고 엿기름물을 걸러놓으시고, 야채는 불려놓습니다.
3. 큰 대야에다 각종 가루(콩, 밀, 고춧가루)를 붓고 찹쌀풀, 엿기름물로 섞어줍니다. 물기를 제거한 채소와 불린 채소와 혼합합니다. 골고루 섞은 재료를 전기밥솥에 넣고 3일 동안 발효시킵니다.
4. 이것은 24시간 발효시킨 모양입니다. 아직까지 색이 옅은 갈색으로 변합니다. 발효중임을 알려주는 보글보글한 구멍이 조금 생겨납니다. 각 채소에서 즙이 나오면서 발효 돼서 부풀어진다는 증거입니다.
   자~ 이제 48시간이 지났습니다. 색이 조금 더 갈색으로 변했으며, 채소들이 조금 더 물러집니다.
5. 마지막 3일째 윗부분은 조금 말라 있지만 괜찮습니다. 이제 밥솥에서 꺼내어 큰 솥에 옮겨 담습니다. 그리고 주걱으로 아래위로 섞어주면 색이 맛깔스럽게 됩니다.
6. 맛있는 집장이 완성되었습니다.

　집장의 짙은 갈색은 콩과 밀을 숙성시킨 가루의 천연색입니다. 과거에는 야채 구입과 보관 방법 때문에 겨울에만 애용되던 밑반찬이었지만, 요즘에는 사철 내내 야채를 구하기가 쉽고 김치냉장고나 냉동고에 보관이 가능하여 전천후 반찬으로 여겨지고 있습니다.

　색을 보고 주위 분들 모두 고개를 저었는데요. 이제는 다른 반찬 없이 집장 하나로 한 끼 뚝딱 합니다. 저희 집은 대소가가 넓어서 제사 명절 땐 많은 식구가 모이시지만 꼭 찾으십니다.

　웰빙 시대에 맞춰 모든 야채는 우리 농산물로 신선한 재료와 좋아하는 재료를 선택할 수 있으며 특히 건강식이 필요하신 분은 원하는 채소를 집중적으로 재료를 선택해서 먹을 수 있습니다.

　도라지, 더덕, 취나물, 고비나물 등등 기호에 따라 추가하시면 됩니다.

　맛과 색이 좀 색다르기는 하지만 어린이와 성인 노인분 등 모두의 건강에 좋은 훌륭한 전통 음식입니다! 한마디로 집장은 우리 조상님의 슬기와 지혜가 돋보이는 음식입니다.

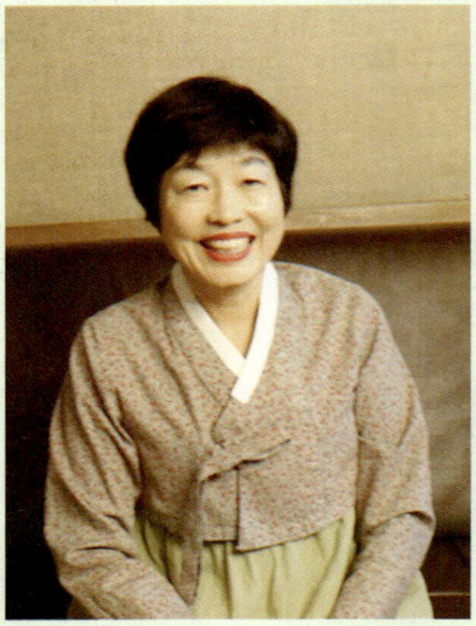

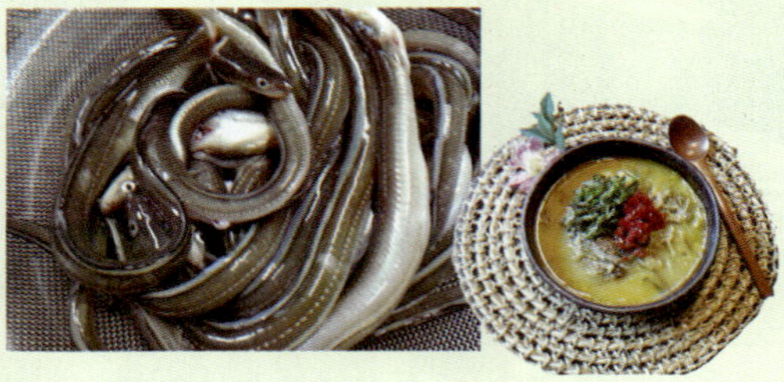

전통음식만들기 35

양삼죽

기력회복에 좋은 양삼죽

4년 전 남편이 간암이라는 판정을 받았어요. '하늘이 무너지고 땅이 꺼진다.'고 했던가요, 저는 그 느낌을 그때 처음 알았어요. 하지만 울고불고만 하고 있을 수는 없잖아요. 정신을 바짝 차렸죠.

그런데 병은 한 가지인데 약은 100가지도 넘더라구요. 최종적으로 내린 결론은 '골고루 먹자'였어요. 거의 채식 위주의 요리를 최소의 조리방법으로 싱겁게 했어요.

　그러던 어느 날, 남편이 자고 일어나더니 해삼죽이 먹고 싶다고 하더라구요. 꿈을 잘 안 꾸는데 선명하게 꿈을 꾸었대요. 바다 속에서 해삼 몇 마리를 잡았다고, 왠지 해삼을 먹으면 좋을 것 같다고 했어요.

　저는 꿈을 믿지도 않고 꼭 그 꿈이 좋은 꿈인지도 모르고 또 해삼이 암에 좋다는 근거는 없지만 본인이 암에 좋다고 생각하면 정말 좋은 영향을 미칠 거라고 생각을 해요. 모든 것은 마음에 있다니까요. 그리고 또 알아보니 예전부터 보양식으로 해삼과 인삼을 이용한 양삼탕이라는 것이 있다고 하더라구요. 오호~! 잘 됐다 싶었어요. 한 가지만 끓이는 것보다 함께 하면 효과가 더 좋다니까요.

　인삼이 열이 많다 하지만 음식에 조금씩 넣어 먹는 것은 상관없을 것 같다는 생각이 들어요. 제가 만들어준 양삼죽을 먹고 남편이 얼른 회복되기를 전음방님들은 함께 기도 해주실 거죠? 이 글을 읽으신 분들, 잘 나을 거라는 긍정적인 생각을 한 번씩만 해주세요.

　늘 긍정적이고 낙천적인 성격의 우리 남편, 잘 이겨 낼 거라 굳게 믿습니다. 긍정의 힘을 믿습니다.

식재료 :

해삼 350g, 인삼 100g, 찹쌀 1컵, 현미찹쌀 1컵, 부추 조금, 참기름 1수저, 물 800cc, 소금은 취향에 따라 가감.

만드는 법 :

1. 쌀을 씻어 전기밥솥에 현미찰진밥 코스로 물을 넉넉히 부어 진밥을 짓습니다. 죽 쑤는 시간이 많이 줄어듭니다.
2. 해삼은 입을 잘라내고 꼬리 쪽도 조금 잘라줍니다.
3. 가위나 칼을 이용해서 내장은 따로 빼고,
4. 뻘(개흙)은 훑어내든지 버립니다. 이번 것은 뻘(개흙)이 너무 많아 뻘이 많은 부분은 버렸습니다.
5. 부추도 손질해서 적당한 크기로 자르고 해삼과 인삼은 잘라놓고, 해삼 내장도 가위로 대강 잘라줍니다.
6. 냄비에 참기름을 두르고 해삼을 넣어 볶다가,

7. 8. 질게 해놓은 인삼과 내장도 넣어 밥과 함께 볶아줍니다.
9. 재료를 볶기 전에 포트에 물을 올려놨다 끓으면 볶자마자 끓는 물을 부으면 쉽게 죽을 끓일 수가 있습니다.
10. 마지막으로 부추를 넣고 한 번 더 끓으면 불을 꺼줍니다.
11. 인삼향 그윽한 양삼죽이 완성되었습니다.

"예로부터 홍삼은 1등은 천삼, 2등은 지삼, 3등은 양삼, 등외는 절삼이라 불렀습니다.
그 중 양삼은 3등급 홍삼을 이르는 말입니다."

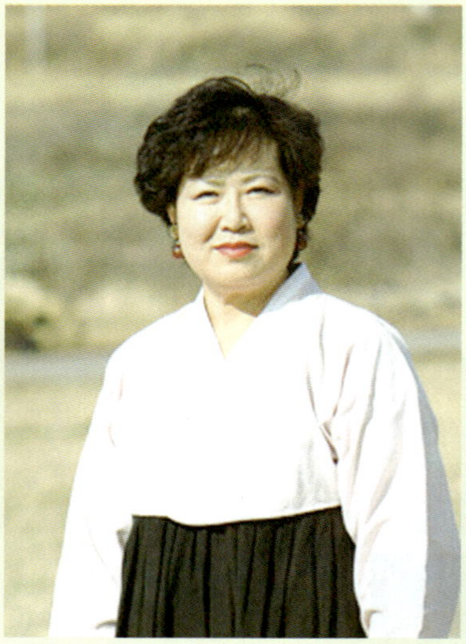

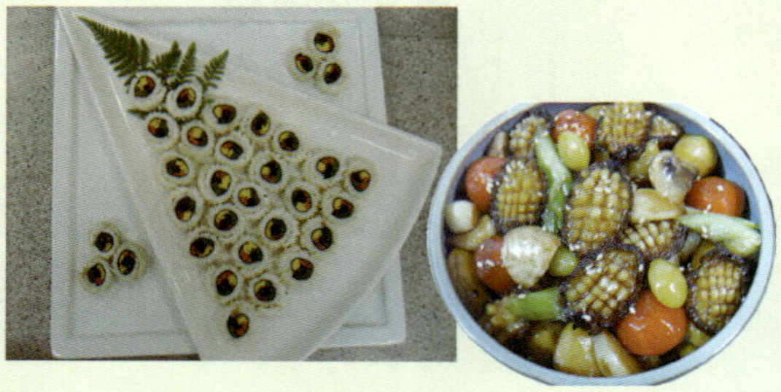

전통음식만들기 36

원소병

정월 보름날 만들어 먹는 원소병

빨강, 노랑, 녹색, 검정, 흰색으로 보기만 해도 먹음직스러운 원소병은 찹쌀가루로 반죽을 해서 동그란 모양으로 만든 경단입니다. 꿀물을 차게 식혀서 만든 아주 시원한 음료입니다.

한마디로 떡이 들어가는 음료입니다. 원소병은 쫀득한 알 경단을 씹으면 국물의 단맛과 같이 어울어져 꿀떡 같은 느낌이 드는 떡입니다. 물론 달착한 맛의 국물은 원소병의 맛을 더욱 돋워줍니다.

시원하게 먹는다는 원소병은 예전에는 추운 겨울에 많이 즐겼지만 요즈음은 때를 가리지 않고 즐깁니다. 물론 음료로 먹는 것이 일반적이지만 찹쌀 경단이 있어 간식처럼 먹을 수도 있습니다.

이런 알알 색색의 원소병은 여러 가지 음식 서적에 전해져 옵니다. '조선무쌍신식요리제법'에는 중국의 삼국 시대에 하북의 원소가 만들어 먹은 떡이라 하여 원소병이라 했답니다.

조선무쌍신식요리제법에서는 '찹쌀가루를 고운체에 쳐서 반죽한 다음 대추를 쪄서 거른 것을 소로 넣고 경단을 빚어 사탕물에 삶아 수단같이 물째 먹는다.'고 전하고 있습니다.

그러나 중국에서는 정월 보름날 밤에 해 먹는 떡으로 원소는 정월 보름날 밤을 가리킨다는 설도 있습니다. 이렇게 중국에서부터 전해 왔다는 설이 있는 원소병, 그 모양이나 맛만큼 세계적으로 알려졌으면 합니다.

우리나라 문헌에서는, '원소란 찹쌀가루로 작은 경단을 빚어서 소를 넣고 삶아 꿀물에 띄운 것이다.'라고 기록되어 있습니다. 원소병은 중국에서 정월 대보름에 먹는 떡이었으나, 우리나라에서는 소를 넣은 작은 경단을 꿀물에 띄운 화채입니다.

식재료 :

찹쌀가루, 소금, 복분자, 치자, 흑임자, 쑥(삶아서 냉동시켜둔 것), 팥 앙금, 볶은 깨, 다진 대추, 흑임자.

만드는 법 :

1. 먼저 찹쌀 반죽에 색을 내는 재료들 즉, 복분자, 치자, 흑임자, 쑥(삶아서 냉동시켜 둔 것)을 준비합니다.
2. 그다음 다섯 가지의 색을 내어 반죽한 찹쌀가루를 준비합니다.
3. 이번에는 새알심 속에 넣을 식재료들 즉, 팥 앙금, 볶은 깨, 다진 대추, 흑임자(모두 꿀에 반죽 했어요)를 준비합니다.

4. 새알심 만드는 과정은 먼저 소를 넣고 동그랗게 만들어 감자 전분에 굴려서 팔팔 끓는 물에 넣어 끓여 새알심이 동동 뜨면 건져서 찬물에 헹구어 준비해 둔 꿀물, 오미자 화채에 넣고 잣을 띄웁니다.
5. 이렇게 두 가지로 만든 원소병입니다.
6. 음력 1월 15일은 대보름, 음력 1월 14일은 작은 보름으로 부릅니다. 이 작은 보름날 저녁에 이곳 시골에서는 원소병이나 찹쌀 수제비를 만들어 먹습니다. 옹심이를 아주 크게 만들어 먹어야 과일이나 과채류의 열매가 크게 열린다는 속설이 있어서 옹심이를 크게 만들어 먹습니다.

저 욕심 좀 봐. 농사짓는 사과, 자두가 크게 열리라고 이렇게 옹심이를 크게 만들었습니다. 위에 사진하고 크기를 비교해 보시면 엄청 큽니다.

정월 대보름은 가장 큰 보름이라는 뜻을 가지고 있으며 한 해의 건강과 풍년을 기원하며 달에 소원을 비는 날이기도 하답니다.

우리 조상은 달이 초승달에서 점점 커져 보름에 만월이 되고 다시 작아지는 것을 곡식과 연관 지어 씨를 뿌리고 자라서 여물고 다시 씨 뿌리고 돌아가는 것과 같다고 생각했답니다.

그래서 달은 풍요와 다산을 상징했고, 농사를 시작하는 해의 처음 뜨는 달이 둥글게 가득 차는 정월 보름달을 대명절로 여기며 한 해의 풍년과 가족의 안녕을 기원했다고 합니다.

전통음식만들기 37 > 박영숙

안동식혜

안동식혜는 문헌상에 이렇게 소개되어 있습니다.

안동식혜는 안동을 중심으로 한 경북 북부지방에서 널리 애용되고 있는 겨울철 기호식품으로서 엿기름으로부터 추출되어 나온 맥아 효소가 쌀 전분을 분해하여 생성된 산미와 엿질금향, 무, 고춧가루 및 생강의 맛과 향이 조화된 전통 발효 식품이다.

우리나라에서 식혜의 기원은 정확히 밝혀진 바 없지만 문헌상으로는 <삼국사기> 권8, 신문왕 3년 (683)에 왕비를 맞이할 때 폐백 품목에 기록되어 있는 것이 처음이다.

<수문사설>에서 식혜는 보통 단술 또는 감주라고 부르나 밥알을 건져내고 물만 먹는 것을 감주라고 구별하기도 하였다.

<주방문(酒方文)>과 <시의전서(是議全書)>는 1800년대 말엽에 나온 저자 미상의 매우 충실하고 광범위한 요리 전문조리서로 상하권으로 나누어져 있다. 평범한 조리법을 비교적 잘 분류, 정리하여서 한말(韓末)의 전통 음식을 알 수 있다. 조선 시대의 다른 조리서와는 달리 음식 담는 법과 상차림 그림이 실려 있는 것이 특징이다.

이 식혜는 우리가 마시는 감주계 식혜(단맛의 국물이 많은 식혜)와 달리 끓이지 않으며, 얄팍하게 썬 무와 엿기름 우린 물과 생강, 고춧가루를 넣고 삭힌 음청류로서 약간 걸쭉하고 톡 쏘는 듯한 맛을 냅니다.

안동식혜는 고춧가루와 생강의 매콤한 맛과 무의 시원한 맛이 어우러져 후식으로는 더없이 좋은 음식입니다.

우리 집 단골 음청류인 안동식혜는 앞의 사진처럼 밤 채, 대추, 잣, 배 등을 고명으로 얹어 먹습니다. 또 흰색으로 만들기도 합니다. 흰색은 고춧가루를 넣는 과정만 빼시면 됩니다.

이제 만들어보겠습니다.

식재료 :

찹쌀(멥쌀도 가능) 4kg, 엿기름 1kg, 무채 썬 것 5kg, 생강 간 것 800g, 고춧가루 250g, 설탕 3kg(기호에 따라 가감합니다).

만드는 법 :

1. 찹쌀 4kg을 깨끗이 씻어 7~8시간 불려둔 다음 소쿠리에 건져서 물기를 빼줍니다. 고두밥으로 찔 겁니다.
2. 우선 채반에 솔잎을 깔고,
3. 김이 오른 솥에 안쳐서 불려둔 찹쌀을 넣고 고두밥을 찝니다. 이때 우리 집 사랑채에 낡은 아궁이가 등장합니다.

4. 구수한 냄새와 아궁이 앞의 따스함이 좋았던지 송아지와 고양이가 곁을 떠나지 않습니다. 고두밥이 익어갈 무렵 한쪽에서는 맹물 8리터를 끓여줍니다.
5. 고두밥을 찌는 동안 식혜 담으려고 항아리 소독합니다(30리터 들어가는 항아리). 차나락 짚을 태워서 항아리를 소독하고 있습니다.
6. 어른들께서는 소독된 항아리를 씻지 말고 겉에 묻은 재를 닦아내기만 하라고 하시지만, 저는 어쩐지 영 껄끄러워서 깨끗이 씻고난 다음 마른 행주로 물기를 닦아냅니다.
7. 엿기름 1kg을 찬물 2리터를 붓고 서너 시간 불려놓습니다.
8. 불려 놓았던 엿기름은 샤주머니(샤주머니는 샤 원단으로 만든 주머니. 계란물 거를 때, 향신즙 낼 때, 식혜를 만들 때 등 유용하게 쓰이는 시중에서 판매되는 상품 이름입니다.)에 넣어 여러 번 주물러 꼭 짜서 건져서(8리터 정도의 물을 사용) 가라앉혀 윗물만 따라놓습니다(6리터 정도 됩니다).
9. 무 5kg은 3~4cm 정도의 길이로 아주 곱게 채를 썰어둡니다.
10. 사방 5mm정도의 나박썰기로도 썰어둡니다.
11. 썰어두었던 무를 얼음물에 잠시 담갔다가,
12. 소쿠리에 건져서 물기를 빼둡니다.

13. 생강 간 것 800g.
14. 윗물만 곱게 따라두었던 6리터의 엿기름물에 갈아놓은 생강을 샤주머니에 넣고 주물러 생강즙을 뺍니다.
15. 생강즙을 내었던 그 엿기름물에 고춧가루 250g을 샤주머니에 넣고 주물러 고춧가루 물을 들입니다.
    고춧가루의 양은 고춧가루의 색깔 여하에 따라 가감합니다.
16. 찹쌀 고두밥이 쪄질 동안 고춧가루 물들인 엿기름 물 1/3을 덜어서 썰어놓은 무를 넣고 뒤적여줍니다.
17. 우선 따끈한 아랫목에 수건을 2겹으로 겹쳐서 깔아놓고 그 위에 빈 항아리를 올려놓고 잘 쪄진 고두밥을 항아리 안에 넣고 설탕 3kg을 넣고 나머지 엿기름물 2/3(고춧가루, 생강즙을 내었던 엿기름물)을 부어서 설탕이 녹도록 저어준 다음 8리터의 물을 끓여 한 김 내어(한 김 낸다는 뜻은, 뜨거운 물에 집게손가락을 넣어서 동그라미를 3번 그려보시고 앗! 뜨거워~ 하고 손가락을 꺼낼 정도입니다) 항아리에 부어 다시 고루 저어준 다음 1/3의 엿기름물에 담갔던 무와 국물을 위에 살짝 얹어서 뚜껑을 덮어 5시간 동안 따끈한 아랫목에서 삭힙니다. 5시간이 되면 무조건 꺼내서 찬 곳으로 옮겨 뚜껑을 열어놓고 차게 식히세요(뚜껑을 열지 않고 식히면 실패합니다).
18. 식혜 완성입니다.

171

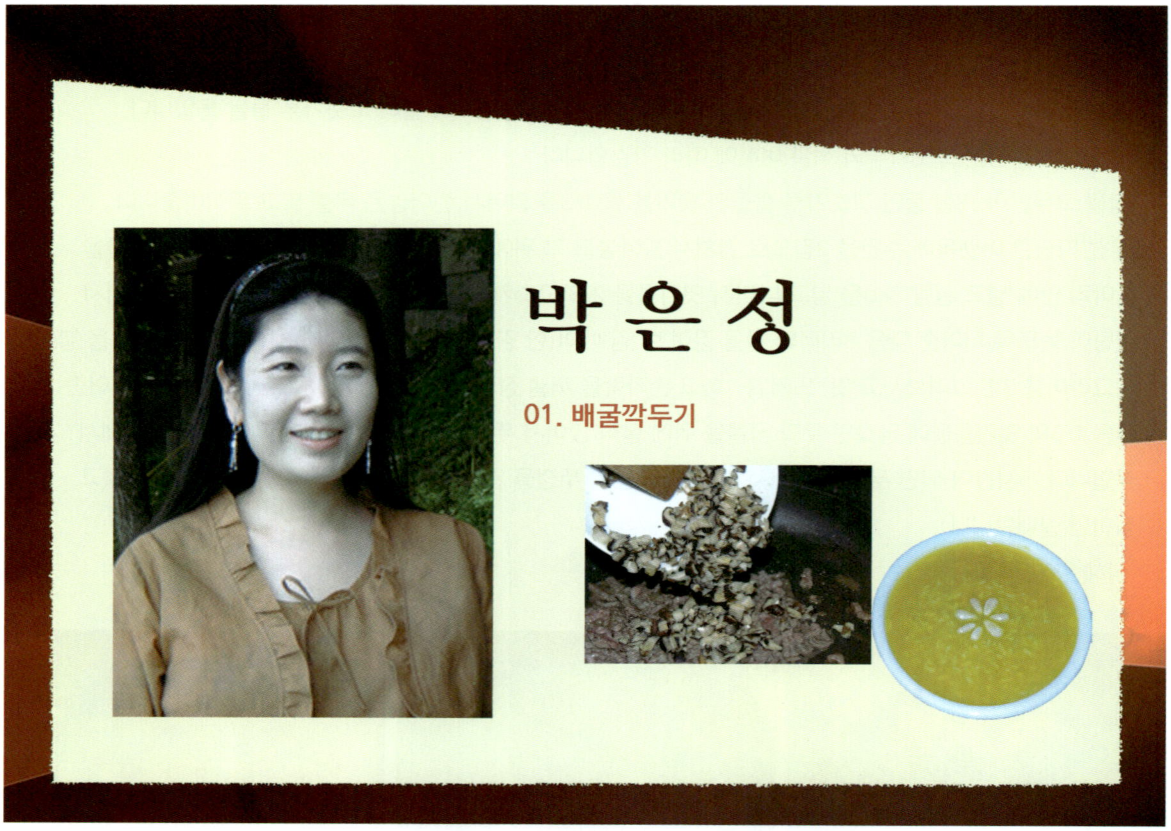

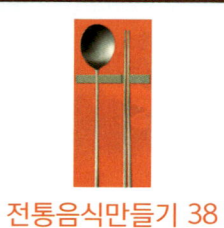

전통음식만들기 38

배굴깍두기

신선한 굴, 고춧가루, 다진 마늘, 다진 생강, 소금, 쪽파, 배 3개.

만드는 법 :

1. 신선한 굴, 고춧가루, 다진 마늘, 다진 생강, 소금, 쪽파, 배 3개를 준비합니다.
2. 굴 담은 물을 손으로 휘저어 껍데기나 돌 등 무거운 것이 밑에 가라앉게 합니다. 다른 그릇에 굴을 흘려 냅니다. 밑에 가라앉은 껍데기와 돌 등은 내버립니다.
3. 씻은 굴은 망에 담고 밑에 그릇을 받쳐 두어 물기를 빼냅니다.

173

4. 배는 껍질을 벗겨 깍두기 썰듯이 깍둑깍둑 썰어냅니다.
5. 그릇에 깍둑 썬 배를 담고 고춧가루를 넣어 버무립니다.
6. 소금을 넣고 버무립니다.
7. 다진 마늘을 넣고 버무립니다.
8. 다진 생강을 넣고 잘 버무립니다.
9. 굴을 넣고 잘 버무립니다.
10. 쪽파를 넣고 잘 버무립니다.
11. 배의 시원한 맛과 달콤함이 어우러진 배굴깍두기 완성입니다.
12. 마지막으로 그릇에 담아냅니다.

본문 속에 나오는 인용서 살펴보기

■ 오주연문장전산고 五洲衍文長箋散稿 란 어떤 책인가?

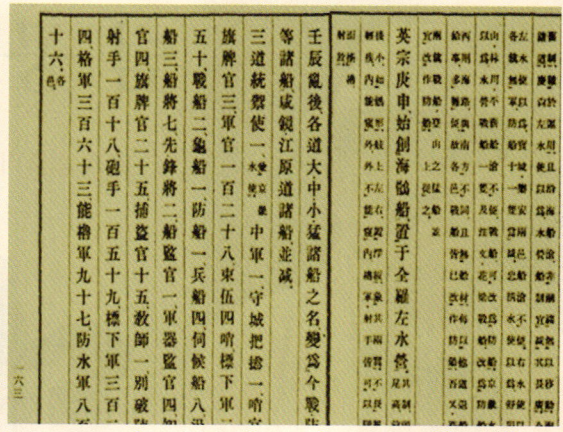

본문 144면에 인용되는 <오주연문장전산고(五洲衍文長箋散稿)>란?

조선 후기 이규경이 저술한 백과사전으로 총 60권으로 구성되어 있다.

이 책의 제목으로 사용되는 오주(五洲)는 5대양 6대주의 줄임말이자 저자 이규경의 호이며, 책에 대한 저자 자신의 겸손함이 담긴 거친 문장이라는 뜻의 연문(衍文), 문장 형태의 하나인 장전, 흩어진 원고라는 뜻의 산고(散稿)가 합쳐진 말이다.

60권 60책의 방대한 분량 속에 천문, 의학, 역사, 지리, 농업, 서학, 병법, 광물, 초목, 어충, 음악 부문 1,417개 항목의 설명을 변증설로 처리하여 세밀한 문제까지도 고증학적 시각으로 다루었다.

저자는 서문에서 "명물도수(名物度數)의 학문이 성명의리지학(성리학)에는 미치지 못하지만, 가히 폐할 수는 없는 일이다."라며 다양한 학문의 중요성을 강조하였다.

이 책은 편찬된 뒤 오랜 기간 잊혀져 있었다. 그러다 이 책의 가치가 새롭게 평가된 것은 1930년대, 당시 조선광문회(朝鮮廣文會)를 만든 최남선(崔南善)이 어느 날 우연히 군밤장수의 포장지로 사용되고 있는 <오주연문장전산고>를 발견하여 입수했다는 설화가 전해지고 있는데, 이때 입수된 책은 모두 60권 60책으로 이미 몇 장은 없어진 상태였고 그 편집 체제도 일정하지 않았다. 그러나 최남선이 소장한 원본은 영인하지 못한 채 6.25 전쟁으로 불타버리고 대신 서울대학교 규장각에 소장되어 있던 필사본만 남아 전해지게 되었는데, 현재의 <오주연문장전산고>가 바로 그 필사본이다.

현재 1권에서 4권까지는 낙질되어 56책만 남아 있다.

175

범공천

01. 배추 숨죽이기

전통음식만들기 39

배추 숨죽이기

매년 이맘때면 겨우내 먹기 위하여 김치를 한꺼번에 많이 담그는 김장이 연례행사로 우리 집에는 가히 대사에 속한다.

나는 금년에도 아들 딸집 몫까지 배추 50여 포기로 김장하는데 정성껏 도우자니 기진맥진하다시피 되었다.

그런데 배추를 나르고 이것저것 마나님 심부름을 하면서 으레 하는 생각이 있다.

이 뻣뻣한 배추를 왜 그대로 김장을 할 수 없는지를 생각해 보는 것이다.

간이나 양념이 얼른 배어들지 않고 김장하기도 불편하기 때문에 배추의 숨을 죽이기 위해 먼저 소금에 절인다는 것을.

우리 인간사에서 이런 뻣뻣한 사람이 있다.

그런 사람은 더 소금에 절여져야 한다는 생각을 수없이 하게 되면서 동시에 나 또한 그런 대상은 아닌지 자기 성찰을 하게 된다.

나이 값이란 결국은 뻣뻣한 배추의 숨을 소금에 절이는 것처럼 우리의 지나친 자존의 숨을 죽이고 남의 의견을 경청하고 나와 다르더라도 보듬어 안을 때만이 인품에 향기를 품을 수 있지 않을까.

김장하면서 배워야 할 일이 또 하나 있다.

배추는 5번 이상 죽어서야 김치가 된다.

땅에서 뽑힐 때, 칼로 배추의 배를 가를 때, 소금에 절일 때, 매운 고추와 젓갈과 마늘의 양념에 버무릴 때, 그리고 입 안에서 씹힐 때 등이다.

그래서 입안에서 김치라는 맛깔스런 새 음식으로 거듭난다.

부부관계에서 행복이란 맛을 내기 위해서는 부부 또한 각자의 이기심이나 불필요한 자존심이 죽고 또 죽어야 한다.

그래야 거기서 비로소 맛깔스런 행복이 피어나는 법이니까.

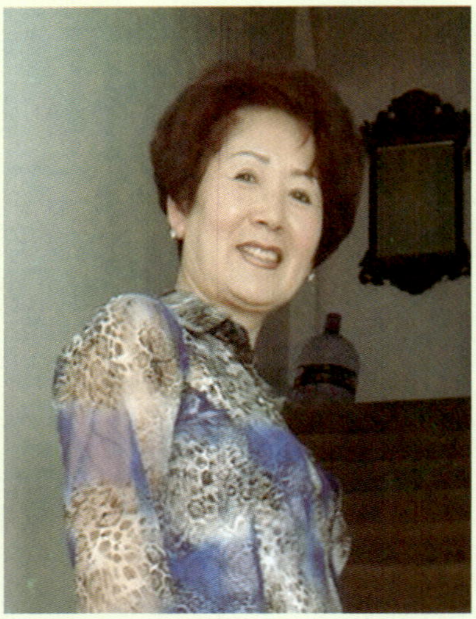

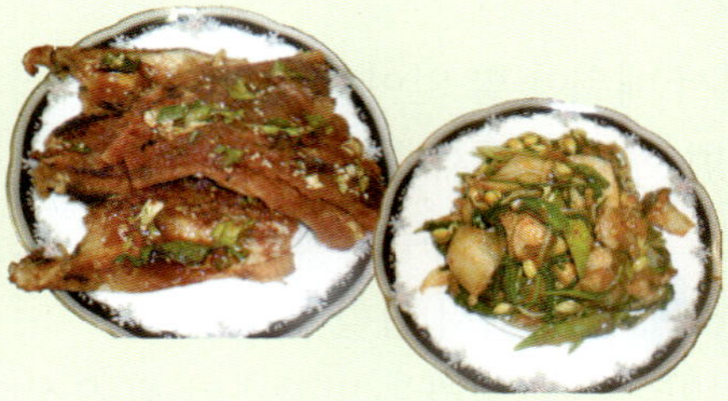

전통음식만들기 40

캐나다로 이민 온 김부각

고국을 그리며 캐나다에서 만드는 김부각입니다.

김밥용 김, 찹쌀, 검은깨, 통깨, 견과류, 과일 말린 것, 야채.

만드는 법 :

1. 찹쌀을 씻어 믹서기에 갈아줍니다.
2. 찹쌀풀을 쑤어서 식힌 후 여기에 검은깨, 통깨, 견과류, 과일 말린 것, 야채를 모두 섞어줍니다.
3. 부각할 때 김을 굽지 않으면 비릿한 냄새가 나므로 김 냄새를 싫어하는 사람에게는 역한 냄새가 될 수도 있습니다.
4. 김밥용 김 2장 펼쳐놓습니다. 사이에 찹쌀풀을 바르고,
5. 건조기에서 4~5시간 위아래로 옮기면서 건조합니다.
6. 7. 완전히 건조되기 전, 부드러울 때 먹기 좋은 사이즈로 잘라주어야 먹을 때 주변이 깨끗합니다.

본문 속에 나오는 인용서 살펴보기

■ 규합총서閨閤叢書란 어떤 책인가?

본문 252면에 인용되고 있는 <규합총서(閨閤叢書)>란?

　1809년 빙허각(憑虛閣) 이씨(李氏)가 엮은 가정살림에 관한 백과사전류다. 이 서책은 언제, 누가 지었는지 모른 채 필사본 또는 목판본으로 전해져 내려오다 1939년에 발견된 <빙허각전서(憑虛閣全書)>가 이 책의 제1부작으로 밝혀져 지은이가 밝혀지게 되었다.

　지은이가 이 책 서문에서 "이 모두가 몸과 마음을 건강하게 해서 오래 살기 위해 먼저 힘써야 할 것이요, 집안을 다스리는 방법이라 진실로 생활에 없어서는 안 될 것이요, 부녀가 마땅히 강구해야 할 것이다"라고 밝히고 있어, 이 책은 당대인들의 일상적 삶에서 꼭 필요한 슬기를 적어 모은 책으로 알려져 있다.

　이 책은 주사의(酒食議)·봉임측(縫絍則)·산가락(山家樂)·청낭결(靑囊訣)·술수략(術數略) 등 다섯 부분으로 나뉘어져 있다. 그 중 <주사의>에는 장 담그기, 술 빚기, 밥·떡·과줄·반찬 만들기가 수록되어 있다. <봉임측>에는 옷 만드는 법, 물들이는 법, 길쌈, 수놓기, 누에치기와 함께 그릇 때우는 법, 불 켜는 법 등 모든 잡방이 수록되어 있다. <산가락>에는 밭을 갈고 가꾸는 법에서부터 말·소·닭을 기르는 등 농가 생활에 필요한 일상의 내용이 수록되어 있다. <청낭결>에는 태교와 아기 기르는 요령 그리고 구급방·약물 금기가 적혀 있으며, <술수략>에는 거처를 깨끗이 하는 법과 부적과 주술로 마귀를 쫓는 모든 방법이 수록되어 있다.

서정미

01. 진달래찹쌀떡
02. 어머니의 도토리묵가루

전통음식만들기 41

진달래찹쌀떡

진달래꽃을 얹은 찹쌀떡입니다.

진달래는 진달래과에 속하는 낙엽활엽 관목으로 우리나라와 만주 지방의 산간 양지 바른 곳에 잘 자라는 진달래는 참꽃 또는 두견화라고도 합니다.

긴 겨울을 지나느라 힘들었을 텐데 화사하게 기분 전환도 하고, 강압작용, 거담작용, 진해작용, 억

균작용, 진통작용, 기침, 천식, 급성 및 만성 기관지염, 관절염, 고혈압, 화혈(和血), 혈액순환촉진, 지혈(止血), 거풍(祛風), 토혈, 코피, 월경불순, 자궁출혈, 직장 궤양 출혈, 이질, 류마티스성 관절염, 통풍, 두통, 해수, 타박상, 감기에 효험 있는 진달래로 찹쌀떡을 만들었답니다.

집 안뜰에 진달래 한 그루가 있어 봄이 되면 산에서 피기 전에 먼저 꽃이 피곤 한답니다.

진달래 꽃이 피면 가슴이 설렙니다. 내가 좋아하는 계절이 봄이지만, 진달래꽃은 찹쌀떡도, 증편도, 화전도 만들 수 있는 놀이감이 된답니다.

우리 집에 피는 진달래는 내가 무서울 겁니다. 하지만 꽃이 피면 재탄생시키니 고마워했으면 좋겠습니다.

쌀 1kg, 물 6큰술, 찹쌀, 팥, 호두, 진달래꽃.

만드는 법 :

1. 진달래 꽃을 따다 깨끗이 씻은 후, 2. 물기를 제거하고 꽃술을 떼어냅니다.
3. 찹쌀떡에 들어갈 소를 만드는 작업은 우리 어머니 몫이랍니다. 숫자가 잘 안 보이신다고 돋보기를 쓰시고 무게를 달아 이렇게 만들어주십니다.
4. 팥을 고아 만든 소에 호두를 넣고 졸여 만든 소입니다. 거의 일정하게 잘 만드셨습니다.
5. 쌀 1kg에 물 6큰술 정도 넣고 찜솥에 쪄서 만들면 됩니다. 6. 완성품입니다.

전통음식만들기 42 > 서정미

어머니의 도토리묵가루

친정어머니보다 더 많은 세월을 같이 울고 웃으며 살아온 시어머니.
살아계실 때 어머니 손맛 배우느라 카메라와 메모지를 들고 따라다닙니다.
어머니 세대는 대충 손대중 눈대중으로 만드는 게 전부라, 나는 그걸 보다 정확히 남기기 위해 무게와 부피를 재봅니다.
식당에서 '도토리묵' 메뉴가 눈에 들어오면 얼른 외면하게 하는 어머니표 도토리묵가루 만드는 법이랍니다.
어머니는 성품이 부지런하시고 깔끔하셔서 잠시도 쉴 새 없이 일을 하십니다. 여든 중반의 연세에도 자신을 돌보지 않은 체 일만 하셔서 허리도 굽고 키도 작아지셔서 너무 안쓰럽습니다. 편하게 쉬시면서 사셔도 될 텐데, 며느리 도와주시느라 온갖 궂은 일을 말없이 묵묵히 하셔서 가슴을 뭉클하게 하십니다. 나도 며느리 얻으면 우리 어머니 같은 시어머니가 되도록 따라쟁이 해야겠어요.

힘이 있으실 때에는 산에 다니시며 도토리를 직접 주워 도토리가루를 만드셨는데, 기운이 쇠약해지시니 주위의 아주머니들이 주워온 도토리를 사셔서 만드십니다.

도토리 반말(4kg).

1. 도토리 반말(4kg)을 하루 전에 물에 충분히 담근 후 1~2회 물을 갈아주어 불립니다.
   이틀 후 방앗간에서 갈아온 다음 통시아천으로 만든 두 겹 자루에 물을 많이 붓고 3~4번 거른 다음 고운 면자루를 이용해 다시 걸러 큰통 2통에 담급니다.
2. 이틀 후 물을 퍼냅니다(도토리 녹말가루는 11월 중순경, 3월초가 시기적으로 녹말이 잘 가라앉아 적절한 계절이시라 하십니다).
3. 물을 퍼내면 가라앉은 앙금을 떼어냅니다. 보이시죠? 이렇게 많이 가라앉았습니다.
4. 햇볕이 잘 드는 양지쪽에 녹말을 떼어 말린답니다. 두꺼운 한지에 말려야 좋습니다.
5. 어느 정도 마르면 고은 체로 뭉친 덩어리를 풀어주며 말려줍니다.

  이렇게 말린 도토리가루는 다섯 딸네 가족에게 봉지 봉지 나누시고 고마웠던 분들께, 귀한 손님들 오시면 어김없이 등장한답니다. 만드실 때 어려워 아무도 못 준다 하시면 난 속으로 믿지 않지요.
  어김없이 봉지 봉지 싸서 이름까지 적어 놓으시는 것을 보면 '저런 재미로 하시는구나.' 하는 생각을 합니다. 이 다음에 나도 어머니처럼 저런 모습으로 살고 있을 것 같은 예감이 듭니다.
  사랑이 듬뿍 들어 있는 우리 어머니표 도토리묵, 난 이 세상에서 가장 맛있습니다. 쭉! 오래오래 건강하게 든든히 제 곁에 계셔주세요. 어머니 사랑합니다.

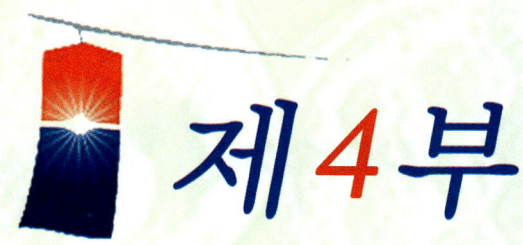

제4부

190 손은희
게감정
배추선

196 손정호
삼색편강
생강란

202 송현숙
콩비지찌개

206 안부섭
올방개묵말이

210 유근화
쑥전

214 이광님
조기김치
팥죽
민어어선

224 이미자
폐백
증편

232 이성애
충무김밥
유쇼이김치

238 이시형
가죽나무순장떡

242 이영순
수리취인절미

손은희

01. 게감정
02. 배추선

전통음식만들기 43

게감정

식재료

꽃게(암컷) 3마리, 쇠고기(우둔육 등심) 120g, 쇠고기양념장(청장 2작은술, 다진 파 ½큰술, 다진 마늘 1작은술, 깨소금 1작은술, 후춧가루 ½작은술, 참기름 1큰술), 두부 80g, 숙주 80g, 무 150g, 표고버섯 3개, 소양념(소금 1작은술, 후춧가루 ⅓작은술, 통깨 ½ 작은술, 참기름 1작은술, 밀가루 5큰술, 달걀 1개, 물 4컵, 된장 1큰술, 고추장 3큰술, 파 1뿌리, 다진 마늘 1큰술, 생강즙 ½작은술).

만드는 법 :

1. 꽃게는 솔로 깨끗이 씻어 발의 끝매듭을 자르고 등껍질을 떼어낸 다음, 게살은 긁어내고 게 등껍질 속의 살을 긁어내고 물에 씻어 물기를 빼줍니다.
2. 쇠고기는 곱게 다져 쇠고기 양념장을 넣어 양념하고, 두부는 꼭 짜서 으깨고, 숙주는 머리와 꼬리를 떼고, 끓는 물에 데쳐 곱게 썰어줍니다.
3. 게 등껍질 안쪽에 밀가루를 뿌리고 수평으로 평편하게 소를 채워 넣고 밀가루를 묻힌 후, 달걀옷을 씌어 달구어진 팬에 지집니다.
4. 끓는 감정 국물에 게를 넣고, 끓으면 불을 낮추어 중간 불에서 어슷하게 썬 파와 다진 마늘, 생강즙, 소금을 넣고 한소끔 더 끓입니다.
5. 게를 달걀물 입혀지질 때 팬을 게에 가져다 대고 게를 놓습니다. 살짝만 색깔이 날 정도로만 지집니다(소가 떨어지지 않도록 하기 위해). 6. 완성된 게감정입니다.

　이곳 뉴질랜드 게는 우리나라 게와 많이 다릅니다. 또한 가격이 너무 비싸 한국마트에서 파는 한국산 냉동꽃게로 요리를 합니다.
　이곳에도 게로 만드는 음식 중에 이와 모양이 비슷한 요리가 있어 부담 없이 좋아합니다.

전통음식만들기 44 > 손은희

배추선

"배추선이란 쇠고기와 표고버섯을 다져서 양념한 후 절이거나 데친 배추 사이사이에 김칫소를 넣듯이 넣고 장국을 부어 무르게 익힌 다음 초간장이나 겨자장에 찍어 먹는 배추 요리 반찬을 말합니다."

식재료

배추속대 400g, 물 5컵, 소금 1g, 쇠고기(우둔) 30g, 표고버섯 5g, 양념장(간장 ½작은술, 설탕 ½작은술, 다진 파 ½작은술, 다진 마늘 ¼작은술, 깨소금 작은술, 참기름 ½작은술, 후춧가루 약간), 느타리버섯 40g, 미나리 25g, 물 2컵, 소금 ⅛작은술, 석이버섯 1g, 실고추 1g, 물 ¾컵, 청장 ½작은술, 소금 ¼작은술, 초간장(간장 1큰술, 식초 1큰술, 물 1큰술, 잣가루 1작은술).

식재료 손질 :

1. 배추속대는 다듬어서 배춧잎을 길이 13cm 정도로 잘라 깨끗이 씻어놓습니다.
2. 쇠고기는 핏물을 제거하고 길이 4cm 폭, 두께 0.2cm 정도로 채 썰어 양념장을 반만 넣고 양념합니다.
3. 표고버섯은 물에 불려 기둥을 떼어내고 물기를 닦아 쇠고기와 같은 크기로 채 썰고 나머지 양념장을 넣고 양념합니다.
4. 느타리버섯은 다듬어 씻습니다. 미나리는 잎을 떼어내고 줄기를 깨끗이 씻고, 석이버섯은 물에 불려 비벼 씻어 가운데 돌기를 떼어내고 물기를 닦아 채 썰어 기름에 살짝 볶아놓고, 실고추는 길이 1cm 정도로 자릅니다.
5. 초간장을 만들어 놓습니다.

만드는 법 :

1. 냄비에 물을 붓고 센 불에서 5분 정도 올려 끓으면 소금과 배추를 넣고 2분 정도 데쳐서 물에 헹궈 닦고 두꺼운 줄기 부분을 저며 냅니다.
   냄비에 물을 붓고 센 불에 올려 끓으면 소금을 넣고 느타리버섯과 미나리를 각각 데쳐 느타리버섯은 잘게 찢어놓고 미나리는 길이 4cm 정도로 섭니다.
2. 데친 배추는 펴서 쇠고기와 표고버섯, 느타리버섯, 미나리를 놓고 돌돌 말아 놓습니다.
   냄비에 물을 붓고 청장과 소금으로 간을 맞추고 말아놓은 배추를 넣고 센 불에 올려 끓으면 뚜껑을 덮고 중간 불로 낮춰 가끔 국물을 끼얹으며 5분 정도 더 끓입니다.
3. 그릇에 담고 석이버섯과 실고추를 고명으로 얹어 초간장을 함께 상에 냅니다.

3

    이곳 뉴질랜드는 다행히 한식 재료를 구하기 쉬운 편이랍니다. 한국 마켓보다는 중국 마켓이 많은데 특히 건한 약재료들은 거의 구할 수 있답니다. 덕분에 한식이나 약선음식을 만들 수 있지만 생한 약재는 구할 수 없어 인삼이 들어가는 요리는 할 수 없지요.

    배추선 이 요리는 키위들(뉴질랜드 사람들)은 처음엔 참 낯설어 하고 또 신기해 합니다. 처음엔 딤섬(Dim sum, 點心, 중국요리)이냐고 묻는 분들도 있습니다. 중국인 식당이 많아서인지 딤섬은 많이 아시고 있어요. 우리나라 식당에서는 이런 음식을 파는 곳이 없으니 낯설어 하십니다.

    하지만 드셔 보시면 맛있고 깔끔하다면서 너무 좋아하시고 더 달라고 하시는 분들도 많이 있습니다.

    육류를 전혀 못 드시는 분을 위해 쇠고기만 빼고 따로 만들어드린 적도 있습니다. 종교적인 문제로 육류를 전혀 안 드시는 분이었는데 쇠고기만 빼고 만들어드렸더니 너무 좋아하시며 맛있게 드시더군요.

손정호

01. 삼색편강
02. 생강란

전통음식만들기 45

삼색 편강

"편강(片薑)이란 생강을 얇게 저며서 설탕, 꿀 등 당류에 조린 전통 한과를 말합니다."

"맛나네."
제가 처음으로 어머니께 편강을 만들어 드린 날 엷은 미소를 띠우시며 하신 말씀입니다.
요리사의 길을 걷게 된 아들을 반대하셨던 어머니.

하지만 아들이 만들어주는 요리를 참 맛있게 드셔 주셨지요.

찬바람 불기 시작하면 햇생강으로 제일 먼저 어머니께 편강을 만들어드렸습니다.

이젠 더 맛있게, 더 예쁘게 만들어드릴 수 있는데 투박했던 편강도 맛있게 드셔 주셨던 어머니 생각에 찬바람 부는 겨울이 오면 가슴 한쪽도 시려옵니다.

식재료

생강 1kg, 설탕 650g, 치자, 비트, 녹차가루.

1. 생강은 깨끗이 다듬어 얇게 썰어 하루 정도 물에 담가 매운맛과 전분을 빼줍니다. 전분을 잘 빼줘야 고운 색의 편강이 됩니다.

2. 끓는 물에 생강을 두 번 데쳐 물기를 빼줍니다.
3. 팬에 데친 생강을 넣고 설탕을 넣어 졸여줍니다.
4. 3항, 데친 생강을 졸일 때 치자, 비트, 녹차가루를 넣어 함께 졸여줍니다.
   시럽이 어느 정도 졸여지면 불을 낮추고 타지 않게 주걱으로 계속 저어줍니다.
5. 설탕 결정이 다시 생겨나기 시작하면 한 번 더 약한 불로 줄여 오래도록 저어주어야 예쁜 편강이 됩니다.
   완성된 편강은 팬에 부어 손질하여 식힌 후 보관해서 드시면 됩니다.

주의할 점 :

편강은 물을 몇 번 갈아주며 전분을 많이 빼줘야 되고, 데칠 때도 너무 센 불에 오래 데치면 편강이 어둡게 나오게 됩니다.

전통음식만들기 46 > 손정호

생강란

"생강란(生薑卵)은 생란(生卵) 또는 강란(薑卵)이라고도 부르며,
밤이나 생강 따위를 으깨거나 갈아서 꿀이나 설탕물에 졸인 후
다시 원재료 모양으로 빚은 한과를 말합니다. 과육에 단맛이
배어 있어서 달고 쫀득쫀득하며, 궁중잔치와 같은
큰 잔치에는 필수적으로 올렸던 귀한 음식으로
임금님이 감기약으로도 많이 먹었다고 합니다."

몸을 따뜻하게 해주는 생강.

불혹의 나이가 지난 지금 생강란을 보면 어머니가 떠오릅니다.

음식 솜씨가 좋으셨던 어머니는 겨울이면 산에서 약초를 캐 오셔서 가마솥에 푹 고아 조청을 만들어 저희들을 먹이셨고, 생강으론 란을 만들어 가족들의 건강을 지키셨습니다.

먹기 싫어하는 저에겐 억지로 입에 넣어주셨는데 그럴 때마다 인상을 찌푸리며 씹는 척하다 어머니가 자리를 뜨시면 몰래 뱉어 버리곤 했지요. 어린 나에게 생강은 맵기만 하고 참 맛이 없었습니다.

하지만 그때의 어머니 나이가 된 지금 이제야 생강의 참맛을 알아갑니다.

그때 알았더라면 어머니 앞에서 맛있게 먹었을 텐데 후회의 시간이 됩니다.

지금 내 손으로 그때의 생강란을 만들면서 어머니의 정성과 사랑을 그리워합니다.

식재료 :

생강, 설탕, 잣가루, 자색고구마가루, 녹차가루 등.

만드는 법 :

1. 2. 생강은 깨끗하게 다듬어 믹서기에 곱게 갈아 면보에 붓고 꼭 짜서 건지와 물을 따로 분리합니다.
3. 생강물은 1시간 정도 그냥 두면 밑에 전분이 가라앉게 됩니다. 그 전분은 나중에 란을 만들 때 사용합니다.
4. 팬에 곱게 간 생강 건지와 설탕과 꿀을 넣고 타지 않게 저어가며 졸여줍니다.
5. 어느 정도 완성도면 생강 전분을 넣어 다시 졸여줍니다.
6. 다 졸여진 생강을 조금씩 떼어 생강 모양으로 빚어,
7. 잣가루나 녹차가루 등을 묻혀줍니다.
8. 9. 10. 맛있는 생강란 완성입니다.

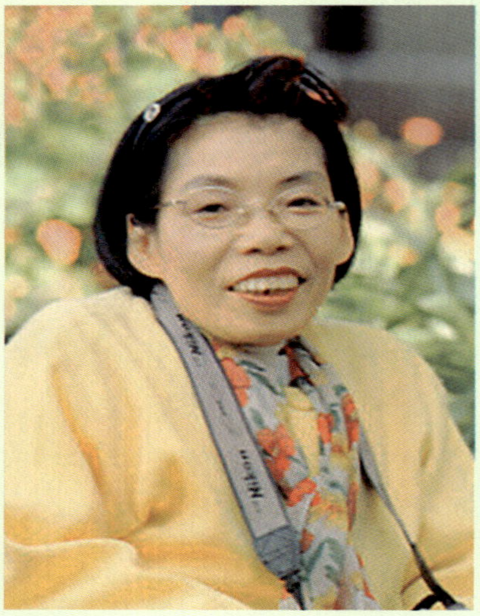

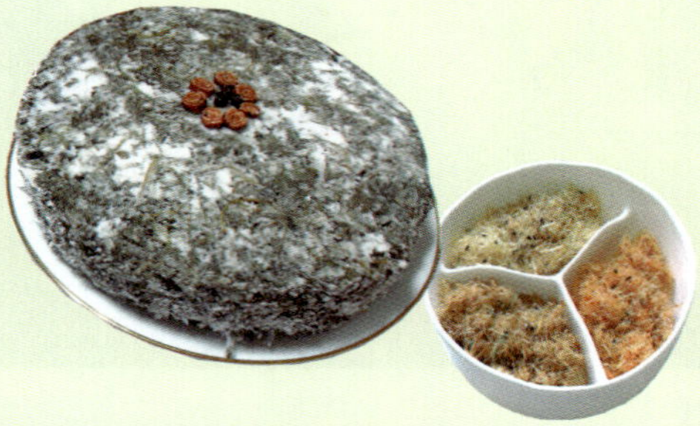

전통음식만들기 47

콩비지찌개

깔끔하고 담백한 시래기 콩비지찌개

저의 엄마는 체격이 자그마하시고 성인병도 없으셔서 큰 병은 없으시지만, 전체적으로 무척 약하셔서 늘 골골하셨습니다.

치아도 저보다는 건강한 치아를 갖고 계셔서 모든 음식을 잘 드십니다.

식성은 좀 까다롭긴 하셔도 과일과 야채 등 건강 음식을 좋아하십니다.

   저의 엄니가 가장 싫어하시는 음식은 자극적인 음식과 질긴 음식을 아주 싫어하시고 깔끔하고 담백한 음식을 좋아하십니다. 그래서 오늘 저녁 메뉴로 자극적이지 않고 질긴 것과는 거리가 먼 시래기 콩비지찌개를 생각했습니다.

   묵은지로 할까? 시래기로 할까? 생각하다가 담백한 걸 좋아하시는 엄니를 생각해서 시래기 질긴 줄기 부분을 잘라버리고 돼지고기 목살 부분을 갈아 넣어 깔끔하고 담백하게 끓였습니다.

식재료:

마른 콩 1컵, 얼린 시래기 한 줌, 돼지고기 목살 300g, 새우젓 2스푼, 밑간(생강즙 1/2스푼, 맛간장 1스푼, 맛술 1스푼, 후추 1/2스푼), 양념장(고춧가루 1스푼, 대파 1뿌리, 다진 마늘 1/2스푼, 참기름 1스푼), 깨소금 1스푼.

▲ 미리 준비하여야 할 식재료입니다.

만드는 법 :

1. 2. 3. 4. 마른 콩은 요리하기 전날 물에 담가 충분히 불려줍니다. 냉동실에 얼려놓은 무시래기는 꺼내서 실온에서 녹여주고, 양념장은 위 분량의 재료로 골고루 섞어 만들어 놓습니다.

5. 6. 양념장 만드는 동안 무시래기가 대강 녹았습니다. 물에 한 번 헹궈준 후 물기를 대강 없애고 3cm 길이로 잘라놓고, 돼지고기도 갈아서 함께 준비합니다.

7. 8. 자른 무시래기와 간 돼지고기를 그릇에 담고 생강, 맛술, 후추, 맛간장을 골고루 섞어줍니다.

9. 밑간한 시래기와 돼지고기에 골고루 간이 배도록 냉장고에 넣어둡니다.

10. 11. 불려놓은 콩을 믹서기에 물을 넉넉히 넣고 갈아줍니다(저희 집 믹서기는 물을 너무 적게 넣으면 잘 갈리지가 않습니다).

12. 13. 냄비가 달궈지면 참기름을 두르고 밑간해둔 시래기에 새우젓을 넣고 볶아줍니다.

14. 가스는 센불에 설정하고 커다란 냄비에 갈은 콩물을 넣고 눌어붙지 않도록 계속 저어줍니다.

15. 가장 약한 불을 설정하고 콩물이 끓어 넘지 않게 찬물을 조금씩 넣어가며 저어주기를 어느 정도 끓을 때까지 천천히 반복합니다. 찬물은 중간 중간 넣어주면 콩물이 넘지 않습니다(조금만 방심해도 콩물이 넘치니 주의해야 합니다).

16. 내용물이 끓어 넘치려고 하면 볶아놓은 시래기를 조금씩 넣어주기를 반복합니다. 시래기에 간이 들어가서 넘칠 때 넣어주면 콩물이 넘치지 않습니다(조금만 방심해도 콩물이 넘치니 조심해야 합니다. 이 요리는 정말 정성이 필요합니다).

17. 18. 이제, 불을 보통 불에 설정하고 냄비 뚜껑을 닫은 후 10분 정도 끓여 충분히 익혀줍니다.

19. 20. 21. 가스 불을 끄고 10분 정도 뜸을 들이면 완성입니다. 양념장을 끼얹어 반찬 삼아 국 삼아 드시면 담백하고 구수한게 정말 맛있습니다. 연한 무잎으로 시래기를 만들었더니 부드럽고, 엄니도 정말 잘 드십니다.

안부섭

01. 올방개묵말이

전통음식만들기 48

올방개묵말이

올방개는 연못가나 습지에서 자라는 여러해살이풀로, 일명 조리풀이라고도 합니다.
 우리나라 중부 이남에 주로 자생하는데, 땅속줄기는 옆으로 길게 뻗으며 끝에 덩이줄기가 달립니다. 줄기는 보통 50~90cm 정도 높이로 자라고, 굵기는 3~5mm 정도로 둥급니다. 꽃은 7~8월에 피고 열매는 8~9월에 익습니다. 땅속줄기가 옆으로 뻗으면서 뿌리에 덩이줄기가 달리고, 이 뿌리에 달린 덩이줄기를 가공하여서 우리가 맛있게 먹는 올방개묵가루를 만듭니다.

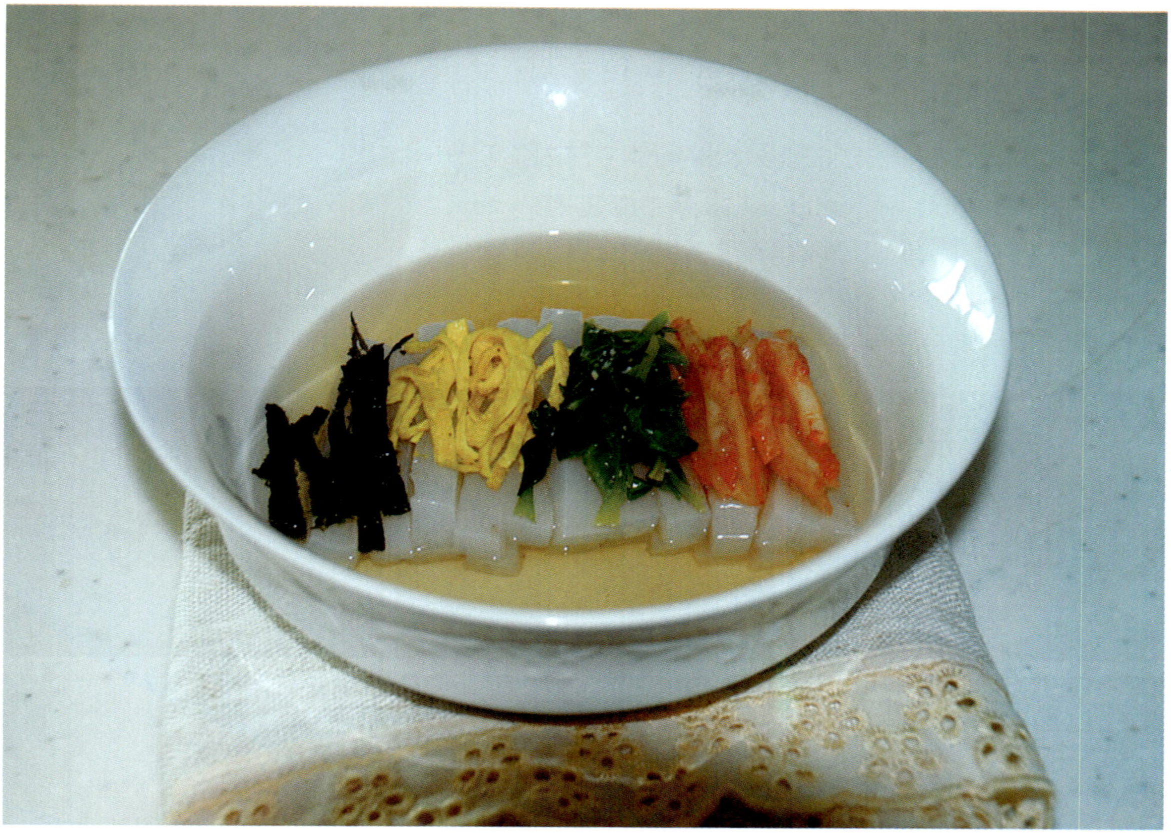

올방개묵가루는 300g, 500g, 700g 들이 포장으로 나와 있는 상품을 시중에서 쉽게 구할 수 있고, 가격도 1만 원 내외랍니다.

식재료 :

올방개묵가루, 물, 달걀지단, 당근볶음, 시금치나물, 김, 김치,
육수(다시마, 표고버섯, 무, 황태대가리를 넣고 끓여 낸 것).

만드는 법 :

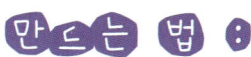

1. 2. 3. 올방개묵가루와 물의 비율은 1:5 로 했습니다.

4. 처음엔 물이였다가 가열이 될수록 차츰차츰 응고되는 과정을 보면 참으로 신기합니다.

5. 중간불에서 30분 정도 주걱으로 저어가면서 묵을 쑤었습니다.

6. 유리그릇에 담아 식혔습니다.

7. 묵말이 고명으로 달걀지단과 당근볶음, 시금치나물, 김, 김치를 준비했습니다.

8. 차게 식은 올방개묵입니다.

9. 올방개묵이 얼마나 투명한지 제 손에 올려놓아 보았습니다.

10. 11. 올방개묵을 굵직하게 채 썰었습니다.

12. 다시마, 표고버섯, 무, 황태대가리로 국물을 미리 내어 놓았다가 육수로 사용했습니다.

참으로 묵을 좋아하는 분이 계십니다. 바로 저의 친정어머니십니다. 묵 종류는 어느 것이나 다 좋아하십니다. 어머니께서 묵을 좋아하셔서 그런지 집안 대소사가 있을 땐 항상 묵이 준비되어 있었습니다.

결혼해서 친정에 다니러 가도 항상 묵을 쑤어 반찬으로 내어 놓으셨습니다. 그래서 저희 자매들은 우리 어머니는 묵은 정말 잘 쑤신다고 이야기합니다.

제가 어릴 때 저희 집에선 도토리녹말가루를 많이 만들었습니다. 강화도 제 고향은 도토리, 상수리가 많이 열립니다.

저의 부모님은 가을이면 이웃 분들과 함께 뒷동산에 올라 가셔서 도토리, 상수리를 엄청나게 많이 주워 오셨습니다.

부모님께서 도토리, 상수리를 주워 오시면 온 가족이 껍질 까는 일에 매달렸습니다. 도토리는 겉껍질을 까고, 다시 속껍질을 벗겨내는 작업을 해야 합니다.

도토리녹말가루가 완성되기까지의 과정은 헤아릴 수 없을 만큼의 손길이 닿아야 합니다. 껍질 벗겨낸 도토리는 떫은맛을 희석시키기 위해 물에 1~2일 정도 담가 두었습니다.

떫은맛을 우려낸 도토리는 절구방아에 찧고, 다시 맷돌에 갈아서 면 자루에 넣어 물을 부어 가며 전분을 빼내는 작업을 합니다.

어릴 때 기억인데도 도토리녹말가루 작업하는 풍경과 과정들이 또렷하게 생각이 납니다.

그렇게 힘든 과정을 거쳐 도토리녹말가루를 만들어 내면 도시에 사는 친인척들께서 판매 담당을 해주셨습니다. 힘든 과정을 거쳐 만들어낸 도토리녹말가루의 진가를 아는 도시인들이 구입을 잘 해주었던 것 같습니다.

저의 친정어머니는 팔순이십니다. 지금은 당신 손으로 도토리녹말가루를 만드실 기력이 안 되십니다. 그래도 묵에 대한 사랑은 변함이 없으십니다.

얼마 전에 친정집에 다니러 갔더니 구입하신 것이라고 하면서 올방개묵가루를 싸주시더군요. 젊으셨을 때 고생하며 도토리묵가루 만들어 내시던 일들을 떠 올리시곤 합니다. 여전히 묵에 대한 사랑이 있으신 어머니가 묵 많이 드시고 오래오래 건강하게 사시길 기원하는 마음으로 어머니의 사랑이 깃든 올방개묵가루 이용해 묵을 쑤어 묵말이를 만들어보았습니다.

유근화
01. 쑥전

전통음식만들기 49

쑥전

봄향기 가득 담은 쑥전

봄기운이 한창이더니 어느새 쑥쑥쑥 쑥이 고개를 살짝 디밀었습니다.

어리디어린 쑥이 찬 몸을 덥게 해준다는 어르신들 말씀에 문 밖을 나가 한 움큼 뜯어왔습니다.

몸이 허약하고 위장이 부실했던 어린 시절에 쑥물에 지짐이에 콩가루 입힌 쑥국까지 약이 되는 음식이라며 오래도록 먹어왔던 식재료입니다.

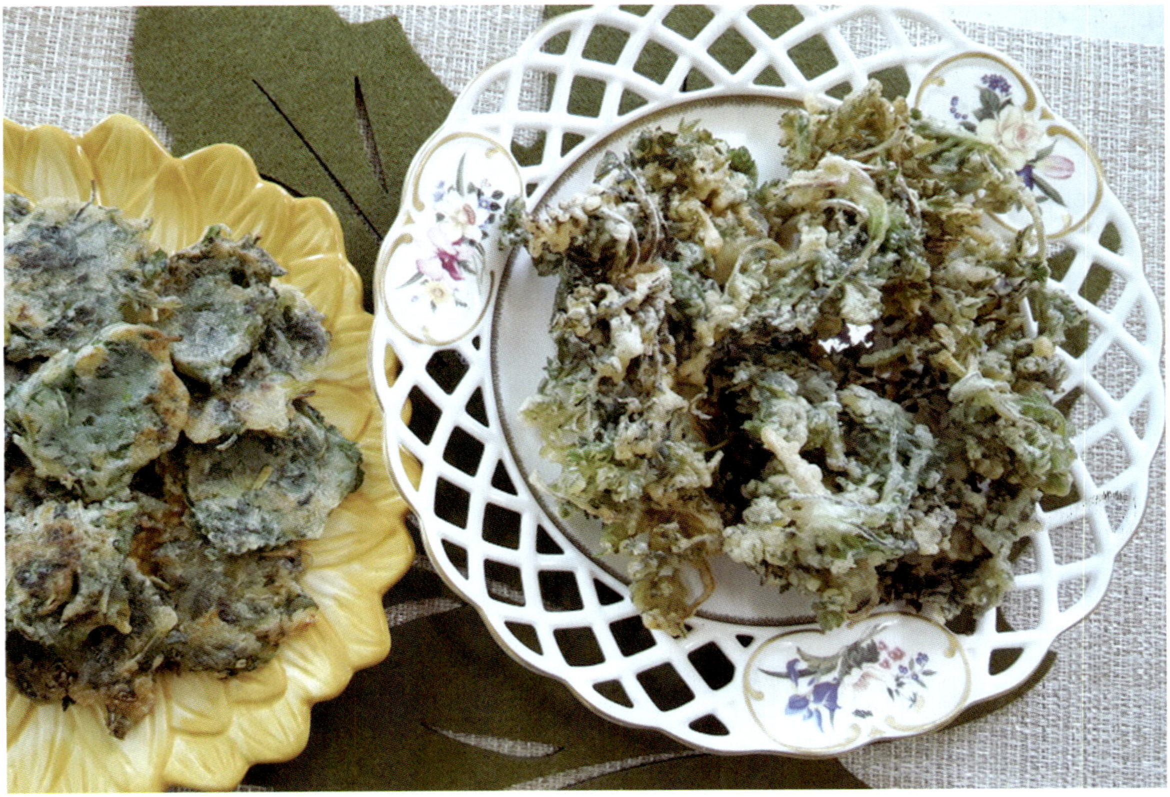

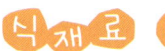

식재료 :

쑥, 부침가루, 식용유.

만드는 법 :

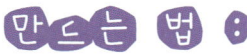

1. 뜯어온 쑥을 깨끗이 정리하고,
2. 부침가루 반죽에 쑥을 듬뿍 넣어서,
3. 노릇노릇하게 지져내면,
4. 쌉쌀하고도 고소한 봄철의 간식이 탄생합니다.

5. 뜯어온 쑥이 많으면 바삭한 튀김은 어떨까요? 예전에는 전분과 흰자로 튀김옷을 만들었는데 요즘에는 튀김가루가 있어서 간편하게 튀길 수가 있습니다.
6. 기름 온도가 올라갈 즈음에 쑥을 반죽에 살짝만 묻히고 넣을 때 예쁘게 모양 잡아 튀기면 눈꽃처럼 근사한 작품도 만들어집니다.
7. 8. 쑥이 연해서인지 한 번만 튀겨도 색이 예쁘게 바삭하게 튀겨졌습니다.

사춘기 교복 입은 소녀였을 때,
어머니는 3년 말려놓은 쑥대를 가마솥에 푹푹 끓여 요강에 넣고 올라가 앉아 있으라는데…….
그때는 그게 그렇게도 싫었답니다.
뜨겁고 온몸에 땀이 줄줄 흐르고…….

지금은 그 시절이 그리울 정도로 세월이 흘러버렸습니다.

이광님

01. 조기김치
02. 팥죽
03. 민어어선

전통음식만들기 50

조기김치

참조기를 넣고 김장김치를 담가보려고 배추와 양념을 준비했답니다. 배추 8포기에 건고추 3근 (1800g) 들어가고요. 배추포기가 아주 큰 것이면 더 들어가겠지요. 거기다 양념으로 쓸 참조기, 마늘, 생강, 청각, 갓, 마나리, 쪽파, 생새우, 멸치젓, 새우젓, 갈치젓, 찹쌀풀, 무, 고추청, 볶은 깨 등을 준비했답니다.

식재료 :

배추 8포기, 건고추 3근(1800g), 참조기,
고춧가루, 마늘, 생강, 청각, 갓, 마나리, 쪽파,
생새우, 멸치젓, 새우젓, 갈치젓, 찹쌀풀, 무, 고추청, 볶은 깨.

만드는 법 :

1. 김장 배추를 반으로 나눕니다.
2. 천일염으로 속까지 골고루 넣고 절여줍니다.
3. 간이 푹 절여지지 않고 적당히 잘 절여졌습니다.

4. 겨울이 깊어지면 배추가 단맛이 많이 납니다.
5. 아주 가는 갈치 삭혀진 것입니다. 불그스름하지요. 고소한 냄새가 진동합니다.
6. 무를 도톰하게 썰어서 배추김치 틈에 넣어줄 것입니다.
7. 쪽파, 홍갓, 미나리, 무채(무 반 개) 도막낸 무를 사이에 넣어주기 때문에 무채를 소량으로 조금 썰었습니다.
8. 찹쌀풀에 마늘, 생강, 청각, 생새우, 새우젓을 적당히 넣습니다.
9. 모두 양념을 한곳에 넣고 고추청이랑 섞어주고 갈치젓과 멸치젓갈 끓여서 내린 것으로 넣고 농도를 고춧가루로 맞춰줍니다.
10. 섞어놓은 양념입니다.
11. 생참조기입니다. 참조기를 비늘을 벗기고 지느러미도 다 잘라주고 소금물에 씻어줍니다. 삭았을 때 쪄서 먹으면 맛이 좋고, 2가 월쯤 되어 찢어서 무쳐 먹으면 찰지고 고소합니다. 참조기는 배추 반 포기에 한 마리씩 16마리 들어갔습니다.

12. 13. 조기를 배추잎 사이에 넣어줍니다.
14. 조기를 배추 속에 넣고 겉잎으로 둘러주면 조기도 빠지지 않고 안에서 삭혀집니다.
15. 참조기를 배추 속에 넣어줍니다.
16. 속에 숨어 있어서 안 보입니다.
17. 겉잎으로 감싸줍니다.
18. 19. 20. 배추 포기 속에서 참조기가 삭혀집니다.
21. 조기가 들어간 배추 포기를 항아리에 차곡차곡 넣어줍니다.
22. 항아리에 들어간 김치 위에 우거지로 덮어줍니다. 간이 든 우거지라도 싱거울 수 있으니 소금을 위에 조금 얹어줍니다.
23. 투명 유리뚜껑으로 덮어놓고 내먹습니다.
24. 베란다에 내놓고 익혀 먹는 김치 맛이 훨씬 좋습니다. 4~5일쯤 지나서 김치냉장고 속으로 들어갔습니다.

전통음식만들기 51 > 이광님

팥죽

딸한테 가르쳐준 동지팥죽

   딸은 시집을 보내놓고도 걱정거리랍니다. 딸의 아이(손녀)가 유치원을 다니고 있어도 덜 자란 아이처럼 엄마를 찾습니다.

   손녀가 겨울방학을 하게 되어서 집에만 아이를 놔둘 수 없으니 엄마 언제 오냐고 해서 남양주 딸네 집에 왔네요.

딸(유리) : 엄마 동지죽이 먹고 싶은데 내일 동짓날이니 동지 팥죽이나 쑤어 먹읍시다.

엄마(나) : 너는 나만 보면 뭐가 먹고 싶네 타령이냐 네가 엄마 좀 해 줘봐라. 좀 먹어보자.

유리 : 김 서방이 엄마 오시면 동지죽 끓여 달라 해서 먹자고 하던데? 김 서방 동지죽 좋아하고 잘 먹어.

엄마 : 그럼 이번에 동지죽 만들면서 너도 배워 봐. 확실하게 배워서 먹고 싶을 때 쑤어먹고 해야지 엄마가 항상 옆에 있는 것 아니잖아? 김 서방도 좋아한다고 하니, 나 없을 때 해먹으면 좋겠네.

찹쌀 1되, 멥쌀(찹쌀의 20% 정도), 붉은 팥 500g.

1. 찹쌀과 멥쌀을 섞어서 한나절 담가 불려 방앗간에서 빻아온 쌀가루입니다. "쌀가루를 반죽할 때엔 끓는 물을 조금씩 부어서 되직하게 반죽을 해야 쫄깃하고 죽을 쑤어서 며칠을 놔두어도 풀어지지 않는단다." 입으로 말을 하면서 가르칩니다.
2. 전기포트에서 물을 끓였습니다.
3. 끓는 물을 부으니 가루가 익습니다. 반죽을 봐 가면서 끓는 물을 조금씩 부어 되직하게 합니다.
4. 반죽하는 유리의 손이 어설픕니다. 여기저기 팔이 아프다고 엄살입니다.
5. 6. 여러 번을 뒤적이고 주물러야 이만큼 됩니다.

엄마 : 옛날에는 팥죽 한 번 쑤려면 큰 가마솥에 장작불 살라서 연기 쏘이며 팥도 삶아 거르고 집에서 방아도 찧고 힘들게 해서 명절이나 동짓날은 없었으면 했단다. 허나 지금은 방앗간에서 다 빻아주지, 가스 불 나오지, 실내에서 하니 얼마나 쉽냐?
유리 : 동지팥죽을 장독대에 올려놓고 집안 구석에 팥죽을 뿌리고 이사 가는 날도 동지팥죽 만들어 집안 구석구석 뿌렸는데 이해가 안 가거든.
엄마 : 나도 잘은 모르지만 귀신 쫓는다고 했었어. 그런데 옛날 외할아버지가 말씀해 주신 게 생각난다.

동지팥죽의 유래

엄마 : 어느 가난한 사람의 집에 과객이 찾아와 하룻밤을 묵어가면서 부자가 되는 방법을 훈수를 두어 부자가 되었다는데, 그 선비는 밤중에만 왔다가 새벽에 닭이 울면 사라지곤 했단다.
그 과객이 알려준 대로 가난했던 사람은 재산은 많아졌으나 몸이 아프고 야위어가기 시작해 근처의 스님에게 물어보니 밤이면 찾아와 부자 되는 방법을 알려준 사람은, 사람이 아닌 도깨비니까 흰 말을 잡아 그 말의 피를 뿌리면 도깨비도 찾아오지 않고 아프지도 않는다고 알려 주어서 해마다 말은 잡을 수가 없어서 대신 팥죽을 쑤어서 도깨비를 물리쳤다는 유래가 있다고 들었다.
유리 : 음식 한 가지에도 깊은 유래와 우리나라만의 전통이 있네요.
손녀(시현) : 눈같이 하얗고 지점토 같아(시현이가 이렇게 말하며 흰 반죽을 조물락거리면서 좋아합니다).

7. 시현이가 만지는 반죽이 무르지 않고 단단하여 부스러집니다.
   이런 단단한 반죽으로 새알을 만들어야 풀어지지 않고 쫄깃하고 식어도 맛이 납니다.
8. 시현(손녀)이가 조물락거리며 좋아합니다.
9. 엄마는 열심히 가르치려고 입으로 얘기하는데 딸은 눈이 TV에 가 있습니다.
10. 유리 눈은 TV에, 엄마는 열심히 새알 잘 만들어라 잔소리.
11. 12. 반죽이 잘 돼서 가루를 뿌리지 않아도 새알끼리 상에 달라붙지 않습니다.
13. 14. 500g의 팥을 삶습니다. 팥을 거르는 구멍 작은 체가 없어서 굵은 체로 팥을 거르니 곱지는 않습니다.

15. 16. 찌꺼기는 손으로 꼭 짜서 버렸습니다.

17. 18. 가라앉은 팥을 눌어붙지 않게 끓을 때까지 계속 저어줍니다.

19. 20. 끓으면 새알을 넣어줍니다. 팥물이 튀면 화상을 입을 수 있으니 새알을 솥 옆으로 넣어 줘야 됩니다.

21. 22. 둥둥 떠오를 때까지 저어줍니다.

23. 떠오른 뒤에도 계속 저어주면서 끓여줍니다. 소금으로 간을 봅니다. 저희 집 내림은 설탕을 넣지 않습니다.

24. 이건 이웃 할머니 댁 갖다 드릴 것입니다.

25. 26. 팥 내음이 나면서 쫄깃하고 맛이 있습니다.

엄마 : 어떻게 끓일 만하냐?

유리 : 보통 힘든 것이 아니네.

엄마 : 그러면 쉬운 게 어디 있어? 모든 음식은 정성이 들어가야 하는데 특히 동지팥죽은 예민하게 하지 않으면 새알이 끓으면서 다 풀어져 맛도 없으니 앞으로 끓일 때엔 오늘을 상기시켜서 실패하는 일이 없도록 명심하여라.

전통음식만들기 52 > 이광님

민어어선

"어선(漁膳)은 흰 생선살을 가진 가자미, 광어, 대구, 농어, 민어 등의 바닷물고기를 넓게 포를 떠 소를 넣고 말아서 쪄낸 음식을 말하는데, 민어를 주재료로 해서 만든 선요리(膳料理)를 민어 어선이라 부릅니다."

민어, 계란지단, 오이, 당근, 표고버섯, 석이버섯, 소금물.

만드는 법 :

1. 민어 나누기입니다.
2. 3. 얇게 포를 떠줍니다.
4. 소금 밑간 해줍니다.
5. 김발 먼저 깔고 가제 수건 깔아 그 위에 민어살을 펴놓습니다. 구멍이 난 민어살에는 조각낸 민어살로 녹말가루 묻혀서 땜질해줍니다. 전체 위에 녹말가루를 뿌려줘야 생선살이 익혀진 뒤 힘이 있습니다. 너무 많이 하면 안 됩니다
6. 계란지단, 오이, 당근, 표고버섯, 석이버섯을 준비했습니다.
7. 잘 말아서 찜솥에서 10분 쪄주고 식혀서 썰어줍니다. 하나는 석이버섯이 들어가고, 다른 하나는 표고버섯 들어갔습니다. 재료를 기름에 볶지 않고 끓는 소금물에 살짝만 익혀줍니다.
8. 9. 완성된 민어어선입니다.

이미자

01. 폐백
02. 증편

전통음식만들기 53

폐백

"폐백이란 혼례 후 신부가 시댁에 와서 시부모님을 비롯한 시댁 어른들께 처음 드리는 인사를 말힙니다. 비단 폐(幣) 자와 비단 백(帛) 자로 이루어진 말뜻처럼 단순히 시댁 어른들에게 드리는 인사가 아닌, 양가의 가풍을 알고 자손의 번영과 행복한 결혼을 축복하는 의미가 담겨 있습니다."

폐백의 구성과 의미

밤, 대추 고임, 육포(7~9근 선택), 폐백 닭, 건 구절판, 곶감 꽃, 엿, 모듬 떡 세트, 오징어 꽃 모반, 수박 카빙, 약과, 인삼정과, 한과, 법주.

➲ 기본 : 밤 대추 고임, 건 구절판, 육포나 폐백 닭 중 한 가지(그 외는 추가 선택하십시오).

폐백 절 상식 :

시조부모께서 생존하셔도 시부모님께 먼저 올립니다.

시조부모님을 위해 닭이나 육포 중 하나를 더 준비합니다.

폐백 상차림 :
지방과 가문에 따라 조금씩 다르나, 서울에서는 육포를 주로 합니다. 자손 번영을 뜻하는 밤과 대추를 쓰고, 혼주(婚酒)와 안주가 되는 마른 구절판을 올립니다.

폐백 음식 싸는 법 :
폐백 음식 쌀 때는 서로 묶지 않고, 네 귀를 모아 올려 근봉(謹封)띠(3cm)로 끼워 오므립니다. 이는 결혼 생활 동안 늘 서로를 이해하며 행복하게 살라는 의미가 담겨 있습니다.

폐백닭이나 육포는 둘 중 하나는 들어가야 하는 폐백의 기본 음식으로서 시어머님 전에 올려, 시어머님이 육포를 쓰다듬으십니다. 이는 며느님이 들어가는데, 과거 허물이 있다손 치더라도 허물을 덮어주라는 의미로 쓰였다고 합니다(예전에는 산 닭을 썼으나, 요즘은 생닭에 황·백 지단과 청·홍 야채 장식을 하지만, 날이 더워지면 이동과 보관이 염려되어 육포로 대신하는 편이 좋습니다. 지방에 따라 오징어 닭이나 한지 닭으로 화려하게 장식닭을 쓰기도 합니다).

밤의 의미 :
지구상의 모든 식물들은 씨앗이 땅에 파종되면 씨앗에서 떡잎이 먼저 난 뒤에 뿌리를 내립니다. 그러나 뿌리가 나고 줄기가 난 다음에 떡잎이 나는 식물이 있으니, 그것이 바로 밤입니다. 뿌리 없는 줄기와 잎이 없듯, 부모 없이 자식이 있을 수 없다는 인륜의 본을 상기시키는 의미가 있습니다.

대추 고임 :
대추나무의 열매 모양이 새알 같고 속에 단단한 씨가 있으며 익으면 껍질이 붉어지며 맛이 달다. 여러 가지 과실 중 특히 길하다 하여 잔치 음식 쓰임새로는 대추가 으뜸으로 꼽힙니다. 또한 대추를 보고도 먹지 않으면 빨리 늙는다는 말이 있을 정도로 우리 몸에 이롭기 때문에 경사스런 날의 격식 갖춘 차림상에는 빠지는 법이 없습니다. 대추를 먹으면 몸속의 독소가 해소된다고 전해지고 있습니다.

폐백 상에는 밤과 대추를 고여 올리는데 그 고임의 예술적인 솜씨와 형태, 그리고 정성에 따라 품격이 현격히 달라집니다. 특히 대추 고임은 부와 자녀 번창을 뜻하며 시아버지께 드리는 의미가 큽니다.

대추의 의미 :
대추는 꽃을 피우면 반드시 열매를 맺고, 비바람이 세차게 불수록 잘 여무는 특징이 있습니다. 자손의 변성과 어떠한 어려움에 직면하더라도, 지혜롭게 극복하고 꿋꿋이 이겨내서 삶의 보람을 맛보라는 의미입니다.

밤과 대추를 폐백 상에 올리는 이유는 대추는 바람이 많이 불어도 다른 나무처럼 씨눈이 떨어져 나가지 않고 수정이 더욱 잘 이루어져 꽃이 거의 다 피고, 핀 꽃은 거의 모두 열매를 맺는다 하여, 종족 보존과 다산의 의미로, 밤은 뿌리가 하나고, 옮겨 심으면 죽는다고 하여, 절개와 장수를 의미한다고 합니다.

<대추는 양기를 지니고 씨가 있다 하여 아들을 의미하며, 밤은 음기를 지녀 딸을 의미합니다.>

밤, 대추 먹는 법 :
폐백에서 부모님이 던져주신 밤과 대추는, 밤 대추 주머니에 정성스레 담아서, 첫날밤 한 이불 속에서 먹습니다.

감(곶감)의 의미 :
콩 심은 데 콩 나고 팥 심은 데 팥이 나지만, 감 심은 데는 감나무가 나지 않고 고욤나무가 납니다. 자식을 이상적으로 키우기 위해서는 고욤나무 밑둥을 잘라내고, 좋은 감나무 가지를 꺾어다가 접을 붙이는 심정으로 자식을 교육시켜야 한다는 뜻이 담겨 있습니다.

1. 봉황(오징어오림).
2. 구절판(호두정과 / 무, 잣쌈 / 인삼자두란 / 곶감쌈 / 잣솔 / 도라지정과 / 딸기정과다식 / 율란 / 한치오림꽃).
3. 대추고임.

4. 육포.
5. 곶감오림.
6. 꽃매화떡.

7. 꽃매작과.
8. 도라지정과.
9. 양갱.
10. 오징어 오림닭으로 꾸밈 한 폐백상(측면).
11. 오징어 오림닭으로 꾸밈 한 폐백상(정면).

전통음식만들기 54 > 이미자

증편

"증편(蒸片)이란 쌀가루에 술을 넣고 반죽하여 발효시켜 찐 떡으로,
지역에 따라 기정떡, 기주떡, 술떡, 벙거지떡, 쉼떡이라고도 불리는
전통 발효떡을 말합니다."

어머니, 아버지 그리고 동생들과 함께 했던 그 따뜻했던 언덕길 옛집을 떠올리며 옛날을 추억하곤 한답니다.

옛날, 저희 집으로 가는 가파른 오르막길은 목구멍까지 숨을 차게 만들었습니다.

오르막 길녘 모퉁이 댓돌은 가쁜 숨을 내려놓을 작은 위안을 만들곤 했지만 한여름 뙤약볕 비탈

길은 어린 우리 남매에겐 새삼 지루한 길이었습니다.

　흐르는 땀을 닦으며 비실대는 동생에게 난 언제나처럼,
"지금쯤 엄마가 기정떡 쪄서 놓고 기다리실 끼다. 빨리 가자."
라며 동생을 재촉하곤 했었답니다(경상도에서는 증편을 기지떡, 또는 기정떡이라 부릅니다).

　까만 얼굴에 큰 눈을 가진 내 동생은 얼굴에 흐른 땀을 시익 닦으며 한걸음에 언덕길을 내달음질 치곤 하였답니다.

　그건 달콤한 떡 한 조각의 유혹보다는 어머니의 내음이 배인 정다운 집이 있기 때문이겠지요.

　우리 집 우물 안 커다란 양철 두레박 속 보리쌀 삶은 소쿠리 안에는 손바닥만큼이나 두툼한 기정떡이나 수박 등이 먹음직스레 자주 놓여 있곤 했었지요.

　한 입 베어 물면 막걸리 내음이 어린 나에겐 그리 탐탁친 않았지만 구멍 숭숭 뚫린 술떡의 쫀득함과 부드러움은 세월이 지난 지금도 어머니를 떠올리게 하는 그리움과 함께 한답니다.

　오늘도 나는 증편을 만들며 어린 날 풍족하진 않았지만 그리운 어머니, 아버지 그리고 동생들과 함께 했던 그 따뜻했던 언덕길 옛집을 떠올리며 옛날을 추억하곤 한답니다.

식재료

멥쌀가루 500g(물 넣지 않고 곱게 체 내린 쌀가루), 수분 350g(막걸리 100g, 물 250g), 설탕 1/2컵, 소금 1/2TS(티스푼), 식용유 참기름 약간, 고명(대추, 석이버섯, 식용 꽃, 검은깨, 잣) 등.

만드는 법

1. 멥쌀가루 500g(물 넣지 않고 곱게 체 내린 쌀가루) 입니다.
2. 고명으로 쓰일 마른 식용 꽃, 검은깨, 석이버섯, 대추, 잣입니다.

3. 막걸리에 설탕 소금 물(상온수)넣고 잘 저어 녹안 후 쌀가루에 부어 반죽 후 랩을 씌워둡니다(손바닥으로 반죽을 바닥에 닿게 밀듯이 한쪽 방향으로 풀어 매끈하고 기포가 일어나는 반죽이 될 때까지 저어줍니다).

30~35도의 온도를 유지하며 여름에는 4시간, 겨울에는 6시간 정도 지나면 1차 발효하여 부풀어 오른 것을 주걱으로 뒤적이며 기포를 빼주고 다시 덮어 2차 발효(여름 1시간, 겨울 2시간)하여 주걱을 세워 다시 기포를 뺀 후 다시 실온에서 랩을 덮지 않고 1시간 동안 3차 발효시킵니다.

용기에 붓으로 기름을 바르고 8부 정도 부어서 고명 올립니다.

4. 센 불로 찌기 전 마지막 발효 과정입니다.
5. 증편을 센불로 찐 다음 큰 접시로 옮겨 시키고 있는 모습입니다.
6. 완성품입니다.

증편은 쪄서 식혀 먹으면 더욱 쫀득하고 맛있는 떡이지요.

막걸리를 넣어 발효시켜 더운 여름에도 쉬 변하지 않는 여름 떡으로 저장 시설을 갖추지 못했던 시절 조상님들의 지혜를 엿볼 수 있는 떡입니다.

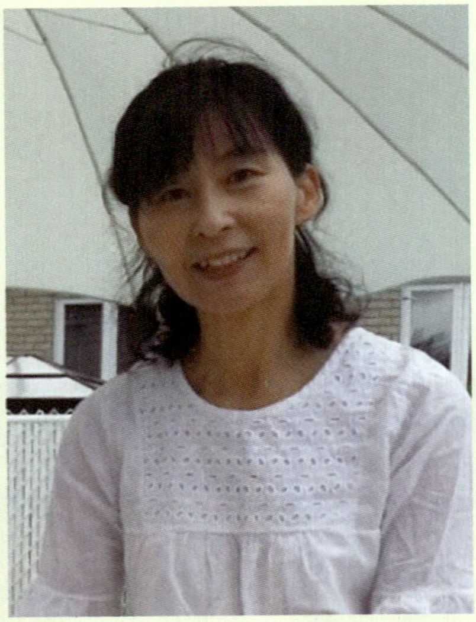

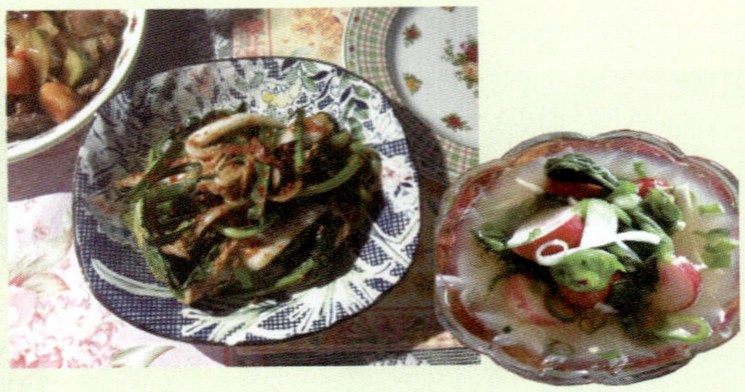

전통음식만들기 55

충무김밥

주말 잘 보내셨습니까?

한국만큼 이곳 캐나다의 낮 더위도 만만치 않습니다. 낮 최고 기온이 30도까지도 오르지만 아침 저녁으론 시원한 바람과 함께 선선해지기도 합니다. 더운 날 입맛 도는 음식을 생각하다 오랜만에 충무김밥을 해 먹었답니다. 한국에선 어디서나 쉽게 사 먹을 수 있는 게 김밥인데 여기선 별미로 만들어 먹게 됩니다.

아이들도 가끔씩 집 떠나서 어딜 갔다 오면 늘 엄마 김밥이 먹고 싶다곤 합니다. 오늘은 그 오리지널 엄마 김밥은 아니고 충무김밥으로 대신합니다. 사실은 엄마가 충무김밥이 당겨서인 건 비밀!

식재료 :

김, 밥, 무, 물, 식초, 설탕, 소금, 고춧가루, 액젓, 파, 마늘 다진 것, 설탕, 통깨, 반건조 오징어, 맛술, 과일청, 물엿, 참기름, 물김치.

만드는 법 :

1. 우선 무 손질부터 합니다.
2. 중국 마켓에서 구입한 무입니다. 오늘따라 유난히 길쭉합니다.
3. 깨끗이 씻어 반만 사용했습니다.
4. 알맞은 크기로 썰어 물, 식초, 설탕, 소금 넣고 절여줍니다.

5. 하루 정도 절여 건져 물기를 잘 짜주고 고춧가루, 액젓, 파, 마늘 다진 것, 설탕, 통깨 넣고 잘 버무려줍니다.
6. 버무려진 무김치는 한쪽에 잘 두고, 오징어 손질 들어갑니다.
7. 반건조 오징어를 꺼내 찬물에 깨끗이 씻어줍니다.
8. 끓는 물에 살짝 데쳐 내어 알맞은 크기로 자릅니다.
9. 좀 전에 버무려둔 무김치에 오징어를 넣고 맛술, 과일청, 물엿, 참기름을 넣고 다시 한 번 잘 버무려줍니다.
10. 하루가 지나면 숙성이 되어 더 깊은 맛을 냅니다.
11. 밥에 소금 간 조금 하고 김을 반으로 잘라 김밥을 쌉니다.
12. 잘 싸진 김밥을 먹기 좋게 4등분 하고 오징어 무김치를 곁들여 냅니다.
13. 무김치와 오징어를 따로 분리해서 내어도 되지만 이렇게 한꺼번에 섞어서 내도 좋습니다.

충무김밥의 유래

옛날 통영과 부산을 왕래하던 여객선터미널 안에서 할머니, 아주머니들이 나무 함지박에 삶은 감자나 꿀빵, 김밥, 오징어 등 간단한 요깃거리를 만들어 나와 팔았는데 김밥은 날씨가 더워지면 금방 쉬어버렸습니다. 이렇게 김밥이 금방 변질되는 것을 방지하기 위하여 한 할머니가 맨밥만으로 김밥을 말아서 기다란 대꼬챙이에 무김치, 주꾸미무침을 함께 꽂아 팔았습니다. 따뜻한 밥을 무김치나 주꾸미무침과 분리하니 쉽게 쉬지도 않았고, 매콤짭짤해 아무것도 넣지 않은 김밥과 잘 어울렸는데 이 김밥이 충무김밥의 기원(원조)이 되었습니다. 일명 <할매김밥>이라고도 부르며, 1981년 5월 28일부터 6월 1일까지 서울 여의도에서 열렸던 <국풍 81> 행사 때 출품되어 인기를 끌면서 <충무김밥>은 전국적인 명성을 얻게 되었습니다. 원래는 무김치에 주꾸미를 사용하였으나 요사이는 오징어를 대신 사용하기도 합니다.

전통음식만들기 56 > 이성애

유쇼이김치

　어린 시절 저의 어머니께선 이른 봄 겨우내 먹던 김장 김치가 물릴 때쯤에 '시나나빠'라고 하는 야채로 겉절이 김치를 맛깔나게 담가주셨습니다.
　고소하고 달짝지근한 맛에 약간 씁쓸한 맛까지 오묘한 맛이 있는 그 김치는 봄날 잃어버린 입맛을 되살려주는 데는 제격이었습니다.
　그 야채가 삼동초, 유채라고 불린다는 걸 어른이 다 된 지금에야 알았습니다.
　이곳 마켓에서도 유쇼이라고 부르는 이 야채를 쉽게 구할 수 있습니다.
　오늘은 제가 어머니의 손맛을 기억으로 더듬어 담가보았습니다.

식재료 :

유쇼이, 소금, 부추, 찹쌀풀, 액젓, 고춧가루, 파, 마늘, 양파, 건고추 썬 것, 과일청, 연잎 가루.

만드는 법 :

1. 먼저 유쇼이는 다듬어 씻고 미지근한 물에 소금을 녹여 살짝 절여 헹궈놓습니다.
2. 아주 실하게 자란 중국 부추도 씻어 다듬어놓습니다.
3. 배추속이 좀 남아 있어 소금에 살짝 절여 건져둡니다.
4. 5. 찹쌀풀에 액젓, 고춧가루, 파, 마늘, 양파, 건고추 썬 것, 과일청에 연잎 가루를 넣고 잘 버무립니다.
6. 위의 야채들을 모두 넣고 부드럽게 잘 버무리면 됩니다.
7. 8. 연잎 가루가 김치가 빨리 익는 걸 방지해 준다고 해서 겉절이 맛을 한참 그대로 유지하고 싶어 같이 넣어보았습니다.
9. 어머니의 손맛을 그대로 재현하긴 힘들지만 제 정성이 들어간 김치가 완성되었습니다.
   음식의 맛은 추억이 반 이상이라고 남편도 고향의 맛이라며 아주 잘 먹었습니다.

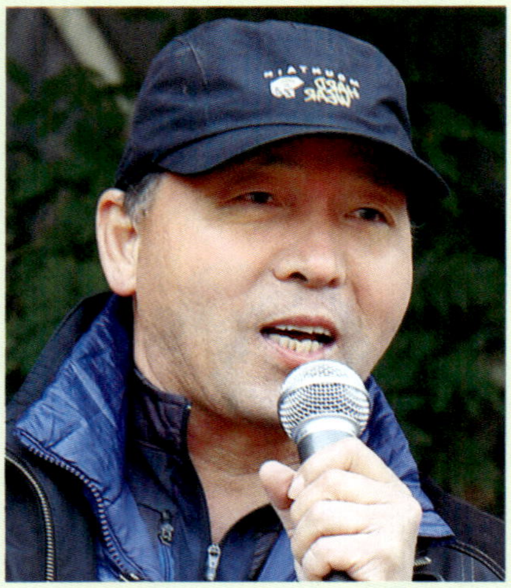

이시형

01. 가죽나무순장떡

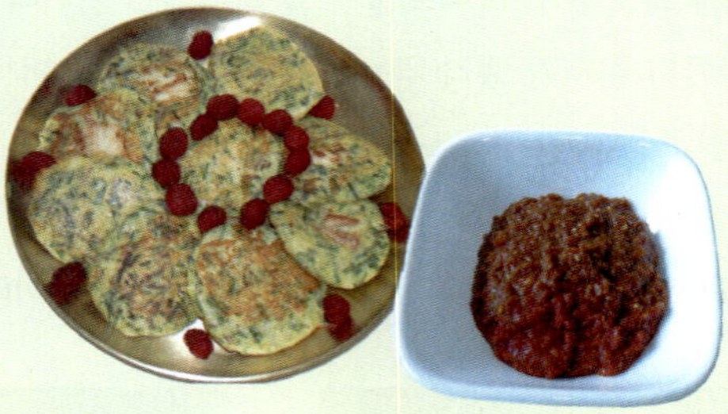

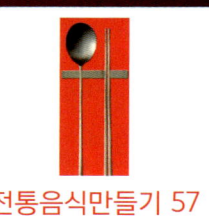

전통음식만들기 57

가죽나무순장떡

약주를 즐기셨던 선친께서는 집에서 자주 친구 분들과 술을 드셨지요. 시골에 살았던 때라서 갑자기 집에 오시는 손님들 때문에 어머님께서는 봄에 가죽나무순을 데쳐서 그늘에 말리신 후에 가루로 만들어서 가죽나무순가루를 장만하셨지요.

식재료 :

찹쌀가루, 가죽나무순가루, 고추장, 물, 식용유.

만드는 법 :

1. 봄에 따놓은 가죽나무순.
2. 손님이 오시면 찹쌀가루에다(사진은 200ml 들이 종이컵 한 컵),
3. 가죽나무순가루 한 큰술을 섞어(가죽나무순 향에 따라서 가감하시면 됩니다),
4. 그 다음에 고추장을 넣습니다(사진에서는 3큰술). 고추장도 취향에 따라서 가감하시면 됩니다. 매운 것을 좋아하시는 분들은 더 넣으시고 그렇지 않으신 분들은 적게 넣어 함께 반죽합니다.
5. 국수 반죽만큼 되직하게 반죽된 장떡 반죽입니다.

6. 그 다음은 장떡 반죽을 넉넉하게 펴서 장떡 한 장 크기가 나올 만큼 장떡 반죽을 칼로 자릅니다.
7. 칼로 잘라놓은 장떡 반죽 한 조각을 손으로 넙적하게 눌러 넓혀 놓습니다.
8. 9. 10. 팬에 기름을 두른 다음 손으로 넓혀 놓은 장떡반죽을 올려 놓습니다.
11. 눌러붙지 않게 기름을 두르면서 한 면을 익힌 다음 뒤집어서도 익힙니다.
12. 완성된 가죽나무순장떡입니다.

본문 속에 나오는 인용서 살펴보기

조선무쌍신식요리제법 朝鮮無雙新式料理製法 이란 어떤 책인가?

본서 165면에 인용되고 있는 <조선무쌍신식요리제법(朝鮮無雙新式料理製法)>이란?

이용기(李用基)가 지은 한식 요리책이다. 됴션무쌍신식료리제법으로도 전해지는 이 책은 요리책에 최초로 색을 도입한 것으로 유명하다.

책표지는 신선로와 식재료의 그림으로 구성되어 있는데 이는 한국 최초의 컬러 도판이다. <임원십육지(林園十六志)> 정조지(鼎俎志)를 바탕으로 중요한 사항을 가려내어 국역(國譯)해서 뼈대로 삼고 여기에 새로운 조리법·가공법을 군데군데 삽입했다.

1924년 출간된 이후 재판을 거쳐 다시 6년 만인 1936년에는 증보판이 찍혔고 1943년에는 4판이 나올 정도로 인기 있는 요리책이 되었다. 책 이름에 앞에 붙은 '조선무쌍'은 조선요리를 만드는 법으로서는 이만한 것은 둘도 없다(無雙)라는 뜻이다.

내용은 서문에 손님 대접하는 법 등 5항이 나오고, 본문에 술·초·장·젓 담그는 법과 조리법 별로 나누어 밥·국·창국·김치·장앗지·떡·국수·만두·나물·생채·지짐이·찌개·찜·적·구이·회·편육·어채·백숙·묵·선·포·마른 것·자반·복금·조림·무침·쌈·죽·미음·응이·암죽·차·청량음료·기름·타락·두부·화채·숙실과·유밀과·다식·편·당전과·정과·점과·강정·미시·엿이 나온다. 그리고 후반부에 잡록과 부록 그리고 양념, 가루 만들기, 소금의 순서로 등장하고, 마지막 부분에 서양요리, 중국요리, 내지(內地)요리 만드는 법이 소개되어 있다.

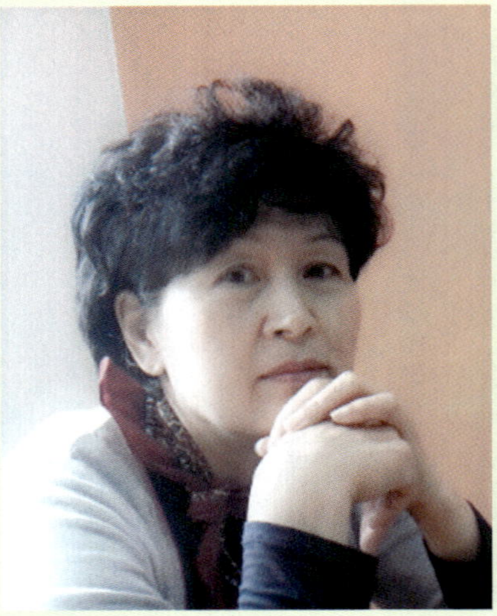

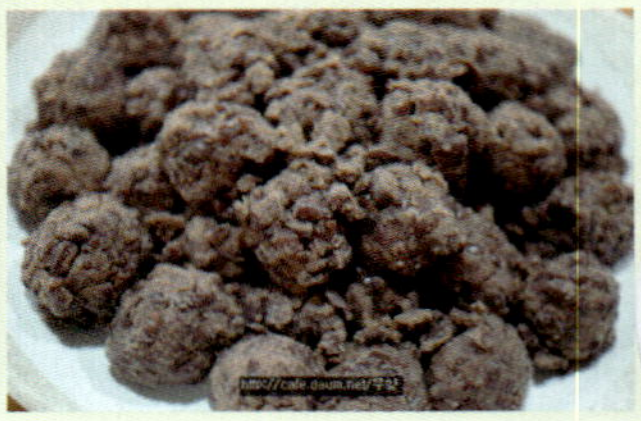

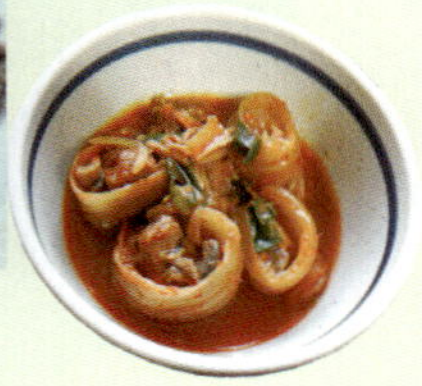

전통음식만들기 58

수리취인절미

찹쌀, 소금물 2컵, 수리취, 콩가루.

만드는 법 :

1. 불린 찹쌀을 찜기에 30분간 찌고 5분 뜸들입니다.
2. 수리취를 삶아 꼭 짜서 준비합니다.
3. 콩가루는 쟁반에 펼쳐 준비해둡니다.
4. 5. 찐 찹쌀과 수리취를 절구에 넣고 찧어줍니다.
6. 적당히 펴서 콩가루를 입혀줍니다.
7. 8. 먹기 좋을 만큼 썰어 놓으면 완성입니다.

"수리취는 떡취라고도 부릅니다. 한자로는 산우방(山牛蒡)이라 적으며, 말 그대로 산에서 나는 우엉(우방)이라는 뜻입니다. 동국세시기에 수리취떡 모양이 둥근 수레바퀴 문양의 떡살로 찍었다 하여 차륜병(車輪餠)으로 불렀다는 기록이 있습니다. 봄에 어린잎을 따서 떡을 찧을 때 함께 넣고 찧는데 푸르스름해지는 빛깔이 고울 뿐만 아니라 그윽한 향도 아주 향긋합니다."

본문 속에 나오는 인용서 살펴보기

▣ 삼국사기 三國史記 란 어떤 책인가?

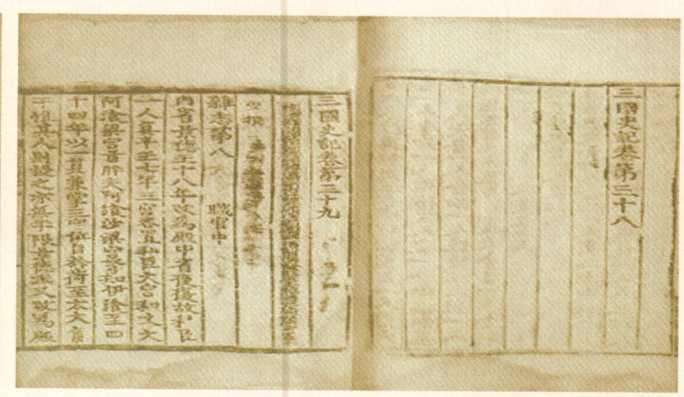

본문 168면에 인용되고 있는 <삼국사기(三國史記)>란?

　약칭으로 <삼국사(三國史)>라고도 불리며, 고려 인종의 명을 받아 김부식(金富軾)이 1145년(인종 23)에 완성한 삼국시대사이다. 한국에 현존하는 사서로는 가장 오래된 역사서로서, 신라·고구려·백제 삼국의 정치적 흥망 변천을 주로 기술한 정사체(正史體)의 역사책이다.
　1970년 경상북도 경주시 안강읍 옥산리 회재(晦齋) 이언적(李彦迪)이 만년을 보낸 <옥산서원>에서 소장하고 있는 판본이 대한민국의 보물 525호로 지정되었다. 그밖에 1981년 조병순 소장 영본(零本)과 경주부간본(慶州府刊本)이 각각 보물 722호, 723호로 지정되었다. 보물 525호와 723호가 유일한 완본으로 현전하며, 722호는 1책 44~50권이 전해지고 있다.
　1174년에 송나라에 진상되기도 이 책은 《고기》, 《해동고기》, 《삼한고기》, 《본국고기》, 《신라고기》 등의 이름으로 한국의 고유 기록을 제1차 사료로 삼았으며, 중국 사료와 한국의 사료가 충돌하는 경우는 한국 사료를 우선적으로 사용했다는 점이 주목된다.
　<본기(本紀)>, <연표(年表)>, <지(志)>, <열전(列傳)>은 기전체로 구성되어 있으며, 삼국의 역사를 모두 <본기>로 구성해 놓았다. 기전체에서 <본기>는 정통성을 가진 중심 국가의 역사를 기록하는 부분이며, 삼국을 모두 대등하게 다루었다. <잡지>는 삼국의 제도, 문화 등을 체계적으로 전하는 유일한 기록이다. 그러나 대부분의 내용이 신라의 기록이며, 고구려와 백제의 기록은 매우 간략하다. <열전>에는 김유신을 비롯한 69명의 전기를 수록하고 있으며, 특정한 편명으로 구분하지는 않았으나 각 권별로 일정한 기준에 의해 구성된 것을 알 수 있다.

제 5 부

248 이은영
당귀잎장아찌

252 이정자
호박선과 오이선
골동반(비빔밥)

258 이현숙
소낙탕탕이
충무김밥

264 전남숙
메밀묵밥
오징어순대

270 전성자
전복죽

274 정찬미
찜장

278 조성숙
두부와 두부조림

282 최봉순
간장 담그기

286 한혜경
포도 모양 김밥

290 황정희
감자떡

이은영

01. 당귀잎장아찌

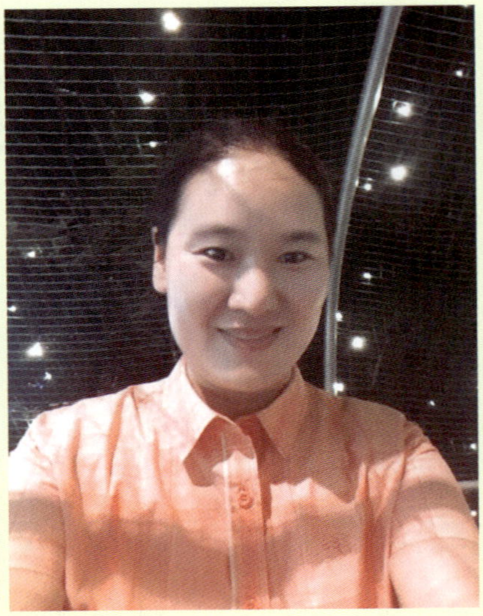

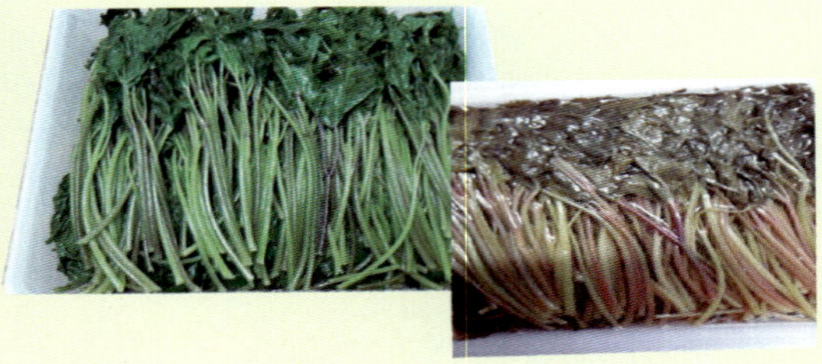

전통음식만들기 59

당귀잎장아찌

당귀는 원래 뿌리만 채취해서 약초로 쓰던 것이지만, 연한 잎과 줄기를 식자재로 이용하면 향기가 있고 약성 좋은 음식이 됩니다. 쌈 채소로도 좋고 장아찌로 담가 먹어도 맛과 향이 좋습니다.

당귀 잎, 소금, 물, 간장, 매실액, 생강, 식초.

만드는 법 :

1. 당귀밭입니다.
2. 우선 부드러운 당귀 잎을 수확합니다.
3. 당귀 잎을 한 주먹씩 끓는 물에 소금을 조금 넣은 후 데칩니다(1분 30초 정도).
4. 한 움큼씩 건져내어 씻은 후 가지런히 장아찌 담을 통에 담습니다.
5. 장아찌용 간장은 물 : 간장 : 매실액을 1:1:1로 섞은 후 생강을 3~4조각 편으로 썰어 넣고 팔팔 끓인 후 식힙니다. 간장 대신 소금으로 한 장아찌는 물 + 소금(간이 짭조름하도록) + 매실액 + 식초(간 봐가면서 약간 새콤)를 섞어 끓인 후 식힙니다.
6. 5를 4에 부은 후 반나절 또는 하루 정도 실온에 두시고,
7. 8. 그 다음에 냉장 보관을 하면서 드시면 됩니다.

250 이어 가는 손맛 _ 전통음식만들기

본문 속에 나오는 인용서 살펴보기

▣ 주방문 酒方文 이란 어떤 책인가?

본문 169면에 인용되는 <주방문(酒方文)>이란?

1책으로 구성된 한글필사본 조리서(調理書)로 저자와 연대가 알려져 있지 않다. 총 41매로 제본되었는데 그 중 12매는 공백이다. 공백 부분에는 <상사별곡 相思別曲>·<춘면곡 春眠曲>·<시주별곡 詩酒別曲>·<천주가 天酒歌> 등의 풍류 가사와 몇 수의 한시가 적혀 있다.

책 끝의 낙서에 "하생원주방문책(河生員酒方文册)"이라는 글이 적혀 있고, 그 오른쪽 옆에는 필체가 다른 "정월27일전1냥(正月二七日錢一兩)"이라는 글이 적혀 있다. 이 글로 미루어 하씨 성을 가진 무명의 한 선비에 의해 이 책이 지어졌고, 소장자가 정월 27일 1냥을 주고 사온 것이라고 추측된다.

현재 전해지고 있는 서울대학교 도서관 가람문고 소장본의 필사연대는 고추를 이용한 조리법이 없는 것과 문장·지양(紙樣) 등으로 미루어 1600년대 말엽으로 추정하고 있다. 총 78조목에 걸쳐 한글로 우리 실정에 맞는 조리와 가공법에 대하여 설명하고 있는데, 그 중 28조목이 술에 관한 내용이다.

<주방문>이라는 책명으로 미루어본다면 술 전문서라고 생각되지만 나머지 50조목은 일반 음식의 조리와 가공에 관한 내용이다. 이것은 술 빚기가 가장 까다롭고 어려웠기에 술 빚는 능력이 있으면 다른 조리와 가공도 능히 해낼 수 있을 것이라는 뜻에서 술 빚는 방법을 조리와 가공의 대표로 내세운 것으로 추측된다.

일반 조리법으로는 조과(造果)·면(麵)·조청(造淸)·초(醋)·전병(煎餠)·상화(霜花)·장(醬)·식해·증해(蒸蟹)·어채(魚菜)·침채(沈菜)·조포(造泡)·채소(菜蔬)·장(醬)과 초 고치는 법 등이 적혀 있다. 특히 상화의 제법과 식해의 제법이 기록되어 있는 것이 주목된다.

251

이 정 자

01. 호박선과 오이선
02. 골동반(비빔밥)

전통음식만들기 60

호박선과 오이선

"호박선은 호박에 쇠고기와 표고를 채워서 장국물에 끓여서 고명을 올린 전통음식으로, 규합총서(閨閤叢書)와 시의전서(是議全書) 등에 조리법이 나와 있습니다. 또 오이선은 원래 오이에 칼집을 넣어 소금물에 절인 다음 고기, 버섯, 달걀지단 등으로 소를 채워 넣고 삶은 후 식은 장국을 부어 만드는 궁중 음식입니다. 뭉근하게 익힌 음식이었지만, 아삭아삭하고 산뜻한 맛을 좋아하는 현대인의 입맛에 맞춰 오이를 살짝 볶고 칼집 사이에 볶은 고기와 지단을 채우고 새콤달콤한 식촛물을 끼얹어 만들었습니다."

식재료 :

소고기, 표고, 오이, 당근, 전분가루, 계란, 레몬, 참기름, 간장, 후추, 소금, 파, 마늘, 새우살, 호박, 통깨.

만드는 법 :

1. 호박선 재료로 쓸 새우살, 쇠고기, 호박입니다.
2. 불고기 양념한 새우살과 쇠고기입니다.
3. 호박 속을 티스푼으로 오목하게 파냈습니다. 전분 가루를 살짝 뿌려서 접착제 역할을 하게 합니다.
4. 소를 넣고 고기가 잘 익게 젓가락으로 구멍을 냈습니다.
5. 찜기에 김이 오르면 찌면 됩니다.
6. 맛있게 익었습니다.
7. 고명을 올렸습니다.
8. 9. 이쯤이면 못생긴 호박은 아닌 듯합니다.

253

다음은 오이선입니다.

10. 오이선 재료로 쓸 쇠고기, 표고, 오이, 당근, 계란, 레몬입니다.
11. 참기름, 간장, 후추, 소금, 파, 마늘, 통깨. 통깨는 바로바로 작은 절구에 갈아서 씁니다.
12. 13. 오이선입니다. 소금물에 살짝 절여 칼집을 내고 저며 냈습니다. 고명이 들어갈 자리입니다.

254 이어 가는 손맛 _ 전통음식만들기

14. 표고버섯 가늘게 채 썰어 볶습니다. 간장, 후추, 설탕, 파, 마늘 양념했습니다.
15. 불고기 양념했습니다. 소금 살짝 넣습니다. 식용유로 안 하고 참기름 살짝 넣고 볶으면 훨씬 맛있습니다.
16. 17. 오색 고명이 준비됐습니다.
18. 오이가 색동으로 단장을 했습니다.
19. 접시에 겨자소스를 바르고 오이선을 예쁘게 담고 그 위에 레몬즙 뿌리면 여름 별미입니다.
20. 가지에 칼집을 내어 들기름에 굽습니다.
21. 색깔 있는 부분도 굽되, 너무 많이 구우면 힘이 없어지니 지키고 신경 써서 구워야 합니다.
22. 23. 24. 고명을 넣었습니다. 색동옷 꺼내 입고 나들이 가는 새색시 같습니다.

전통음식만들기 61 > 이정자

골동반

"골동반(骨董飯)이란 여러 가지 나물과 고기 따위를 섞고
갖은 양념을 넣어 비벼 먹는 비빔밥을 말합니다."

식재료 :

쇠고기, 당근, 표고, 숙주, 무, 배춧속, 애호박, 고명으로 잣.

만드는 법 :

1. 모든 야채를 채 썰어 끓는 물에 데쳐냈습니다.
2. 채 썰은 쇠고기에 들어갈 양념입니다.
3. 표고 볶은 팬에 그대로 소고기를 볶으면 표고 맛이 배어들어 더 맛있습니다.
4. 모든 재료를 돌려가며 담았습니다.
5. 고기 위에 잣도 올려보았습니다.
6. 과일나박김치와 함께 먹으면 더 맛있습니다.

257

이현숙

01. 소낙탕탕이
02. 충무김밥

전통음식만들기 62

소낙탕탕이

"탕탕이란 음식을 만들 식재료를 도마 위에 올려놓고 칼로 탕 탕 쳐서 잘게 다진다고 해서 붙여진 의성어(擬聲語)입니다. 남도 지방에서 주로 사용하는 속어로 낙지를 탕 탕 치면 낙지탕탕이, 쇠고기를 탕탕 치면 쇠고기탕탕이, 쇠고기와 낙지를 함께 탕 탕 치면 소낙탕탕이란 음식 이름이 됩니다."

낙지, 쇠고기(아롱사태), 참기름, 죽염, 참깨, 다진 파, 다진 마늘, 후춧가루, 초고추장.

만드는 법 :

1. 귀한 낙지를 사왔습니다. 자연산 뻘낙지입니다.
2. 쇠고기는 쫄깃쫄깃 맛있는 아롱사태로 준비했습니다. 우리가 흔히 아는 육회는 도축 후 하룻밤 냉장실에서 숙성시킨 것으로, 양념해서 먹으며 부드럽습니다. 이것은 당일 도축한 생고기라서 신선도가 높고, 쫄깃쫄깃 찰지며 감칠맛이 납니다.
3. 낙지는 머리 쪽을 쥐고 쭉쭉쭉 훑어서 짠맛을 빼줍니다.
4. 머리 부분은 가위로 잘라낸 다음 내장을 빼줍니다. 칼끝으로 세게 내리쳐야 쉽게 잘려집니다.
5. 중간에 쇠고기 생고기도 함께 다집니다. 워낙 싱싱한지라 자꾸 손에 달라붙습니다.
6. 차츰 먹기 좋게 되고 있습니다. 낙지탕탕이는 참기름을 미리 넣지만 그렇게 하면 느끼할 뿐만 아니라 개운함과 신선도가 감소됩니다.
7. 접시에 상추잎 두어 장 깔고 준비한 소낙탕탕이를 올려줍니다.
8. 참기름과 죽염, 참깨랑 다진 파를 넣어 양념장을 준비했습니다.

9. 개운하게 먹고 싶어 초고추장도 같이 준비했습니다.

　　이렇게 해서 먹으면 낙지의 비릿함을 싫어하는 저도 한 접시는 뚝딱 비웠습니다. 짭쪼름한 낙지와 달큰한 쇠고기가 어우러져 맛이 환상적이고 영양도 으뜸입니다.

10. 쇠고기 육회는 참기름, 다진 마늘, 후춧가루, 참깨, 죽염 살짝 넣어 버무려 드세요. 배를 채 썰어 곁들여 드시면 훨씬 시원하고 깊은 맛을 느끼실 것입니다.

11. 낙지탕탕이는 참기름과 참깨. 다진 마늘과 다진 파를 넣습니다.

12. 손님이 오시면 육회 위에 낙지 탕탕이를 놓고, 계란 노른자를 올리면 보기 좋습니다.

전통음식만들기 63 > 이현숙

충무김밥

　아주 어릴 적 아버지가 새벽길을 나서셔서 경기도 할머니댁에 가실 때 엄마가 싸주시던 찰밥입니다. 지금은 흔하디흔한 찰밥이지만 1960년대, 그때는 정말 귀한 밥이었지요.
　행여나 한 입 얻어먹을 수 있을까 애태웠건만 어림없는 일이었지요.
　맨날 꽁보리밥이나 조밥 가운데에 흰 쌀밥을 하셔선 아버지 진지와 갓난쟁이 동생 밥을 뜨고 나면 휘휘 저어서 어쩌다 쌀알이 한 알씩 들어있는 밥을 먹던 시절인걸요.
　이 찰밥을 보면 제 나이 12살에 41세의 생을 마감하신 친정아버지가 생각나 눈물이 납니다.

식재료 :

찹쌀, 팥, 소금, 김밥용 김, 노각.

만드는 법 :

1. 찹쌀을 미리 씻어 불리고, 팥을 씻어 끓는 물에 한 번 삶아 첫물은 버립니다. 새로운 물을 부어 무르게 팥을 삶은 후 팥물이 자작할 때, 소쿠리에 받쳐 밑에 있는 물에 소금 간을 짭짤하게 해줍니다. 불린 쌀과 팥을 넣어 김이 오른 시루에 한소끔 쪄서 큰 스테인리스 대야에 퍼낸 후 소금간 해놓은 물을 초밥 만들 때 단촛물 섞듯 섞어줍니다. 다시 촉촉해질 때까지 쪄줍니다.
2. 요즘은 불린 찹쌀과 삶은 팥을 방앗간에 가져다주면 한방에 이처럼 고슬고슬한 찰밥이 탄생합니다. 더 간단한 방법은 그냥 "찰밥 또는 찐밥 몇 킬로그램 해주세요."라고 해도 된다는 편리한 세상! 보통 2kg의 찹쌀로 밥을 하면 성인 기준 7~10인 분의 식사량이 됩니다. 시간 날 때 넉넉히 해서 보관해 놓고 드시면 속도 든든하고 편리합니다.

3. 굽지 않은 김밥용 김을 펼쳐놓고 적당량의 밥을 넣어 돌돌 말아줍니다.
4. 넉넉히 싸서 따뜻할 때 즉석에서 김치랑 먹어도 맛있습니다. 여름만 빼고 봄, 가을, 겨울엔 김으로 빈틈없이 꼭 싸서 실내에 두었다 그냥 먹어도 식감이 아주 좋습니다.
5. 6. 7. 입원중인 카페 회원 위문행사 때도 충무김밥을 만들어 가서 함께 둘러 앉아 식사를 했습니다.
8. 이렇게 즉석에서 주먹밥 싸듯이 먹어도 맛있습니다.

　넉넉하게 하셔서 이렇게 일회용 비닐봉지에 넣고 지퍼백에 한 번 더 담아서 따뜻할 때 냉동실에 보관해 놓고, 등산 가실 때 싸 가셔도 좋습니다.
　드시기 전 미리 꺼내 놓으셨다가 바로 드셔도 갓 한 밥처럼 촉촉하니 맛있답니다.
　밥통에 따뜻이 데워 드시고 싶으시면 김에 싸시지 말고, 그냥 일회용 봉지에 담아 냉동 보관해 놓고, 밥통에 넣으실 때 비닐 빼고 넣어놓으시면 갓 지은 밥처럼 드실 수도 있답니다. 여기에 노각오이 무침을 곁들여 드시면 그냥 그 맛에 중독되실 것입니다.

전 남 숙

01. 메밀묵밥
02. 오징어순대

전통음식만들기 64

메밀묵밥

　시어머니께서 돌아가시기 전에 당신 아들 좋아하는 메밀묵밥이니 잘 배워두라며 전수해주신 메밀묵밥입니다. 몇 번의 실패를 거듭한 끝에 성공하게 되었답니다.

식재료 :

메밀묵 : 메밀 한 되 1.5kg, 물, 소금. / 고명 : 묵은지, 오이, 달걀(지단), 김, 깨소금.
밥 : 메밀묵엔 조밥이 잘 어울려요. / 육수 : 멸치, 밴댕이, 새우, 다시마, 양파, 무, 대파(기타 취향대로).

만드는 법 :

1. 메밀을 깨끗이 씻어서 뜨거운 물에 담가 소쿠리에 건진 다음, 물이 빠지면 방앗간에서 빻아옵니다.
2. 빻아온 메밀에 물을 부어 치댄 다음,
3. 고운 체에 내립니다.
4. 찜솥을 달구어 식용유 한 스푼을 넣고 걸러놓은 것을 붓습니다.
5. 중불에서 눋지 않게 계속 저어줍니다. 끓어오르면 소금 간을 합니다.
6. 뜸을 들인 다음 반듯한 통에 부어 식힙니다.
7. 육수를 끓일 재료를 넣고 끓입니다.
8. 그릇에 가지런히 담고 고명을 얹고 육수를 부어주면 완성입니다. 양념장은 기호에 따라 만들어 드시면 됩니다. 메밀묵엔 조밥이 어울리니 밥을 넣어 드시면 더 맛있습니다.

9. <보너스>
    자투리로 남은 것들을 모아 같은 길이로 썰어서 볶은 다음 전병을 만들어 드셔도 맛있습니다.
10. 메밀전병말이입니다.

　종갓집 맏종부셨던 저의 시어머니께서는 명절이 다가오면 2~3일 전에는 무슨 일이 있어도 메밀묵과 손두부를 꼭 해놓으십니다.

얼마나 많은 고생을 하셨을까?

객지에 사는 자식들 주려고 당신 힘든 것은 멀리하신 어머니.

지금 같으면 제가 다 도와드릴 텐데 어머니는 안 계시네요.

어머님 존경스러웠습니다.

떠나신 지 벌써 10년이 다 되어가네요.

어머님의 뒤를 이어받은 저는 배운 대로 들은 대로 열심히 노력하고 있습니다.

전통음식만들기 65 > 전남숙

오징어순대

오징어순대는 오징어의 몸통에 다진 돼지고기와 두부, 풋고추, 당근, 마늘 등을 곱게 다져 넣은 후 삶거나 쪄서 만든, 오징어가 많이 잡히는 우리나라 동해안 지역의 향토 음식입니다.

아침시장에 갔더니 오징어가 눈에 띄어 갑자기 오징어순대가 생각났습니다.

오징어 5마리, 달걀 3개, 시금치, 우엉, 피망(빨강, 노랑, 파랑), 김 5장.

만드는 법 :

1. 먼저 오징어를 깨끗이 손질하여 뒤집어 칼집을 넣어놓습니다. 오징어 다리도 깨끗이 손질해놓고, 달걀은 지단을 부쳐서 크기에 맞게 잘라놓습니다.
2. 시금치는 데쳐서 씻어 물기를 꼭 짜서 소금, 마늘, 참기름에 무쳐놓고, 우엉은 깨끗이 씻어 채를 썰어 물, 간장, 설탕, 참기름에 졸여놓고, 피망은 굵은 채를 썰어놓습니다.
3. 별도로 오징어를 뒤집는 과정입니다.
4. 오징어를 뒤집는 첫째 과정입니다. 5. 오징어를 뒤집는 둘째 과정입니다. 6. 오징어를 뒤집는 셋째 과정입니다.
7. 재료가 준비됐으면 김발에 색깔별로 가지런히 놓고 김밥 말듯이 말아서 오징어 속에 넣으면 완성입니다.
8. 완성된 오징어를 채반에 가지런히 올려 20분 정도 찝니다. 이때 주의할 점은 뜸 들이면 안 됩니다. 왜냐하면 색깔이 변하기 때문입니다. 20분이 지나면 바로 오징어를 꺼내서 식으면 썰어서 예쁘게 담습니다.
9. 술안주로 멋지죠? 저렴한 가격에 고급안주가 완성됩니다. 간이 되어서 소스는 필요 없지만 초고추장이나 양념간장에 찍어 먹어도 맛있습니다.

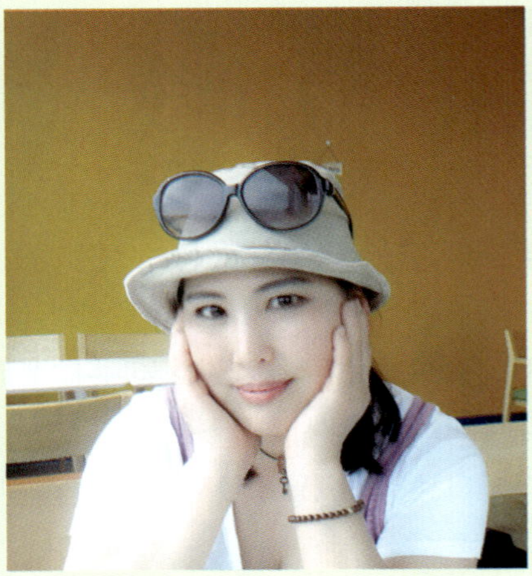

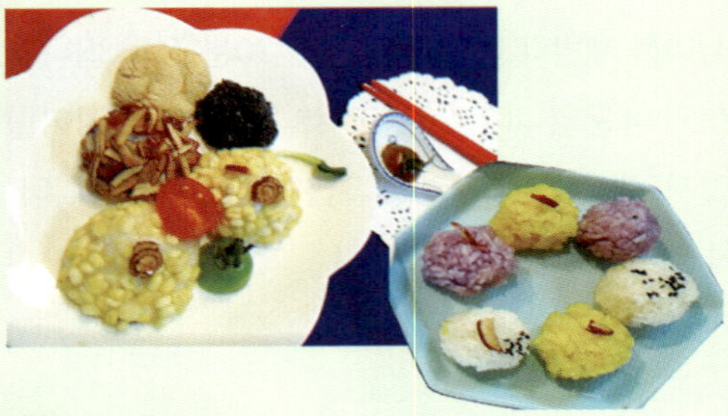

전통음식만들기 66

전복죽

　아들은 결혼해서 가정을 이루고 살고 있고, 집에는 딸랑 세 식구뿐인데 저마다 어찌나 바쁜지 서로 얼굴 보고 대화할 시간이 없습니다.
　날씨가 더워서인지 일에 지쳐서인지 입맛도 없다고 하는 우리 가족을 위해 보양식을 준비하기로 했습니다.
　무엇을 해줄까 하다가 냉장고를 열어보니 냉동고에 큼직한 전복 세 마리가 보이길래,

"그래 이거야!"
하고 전복죽을 하기로 생각을 굳혔습니다.

기왕이면 제가 좋아하는 새우살도 넣고 녹두도 넣어주면 고소할 것 같아 녹두도 불리면서 일사천리로 움직였습니다.

요리 삼매경에 빠져 있는데 걸려오는 전화벨 소리. 아들한테 걸려온 화상전화에 곧이어 손녀딸 소율이의 앙증맞게 발버둥치는 모습이 보입니다.

엊그제 낳은 것 같은데 벌써 50일이 되었다네요. 같이 여행 갔던 절친한 친구가 날마다 손자와 화상통화를 하길래 손자 바보라 놀렸었는데 이젠 제가 손녀 바보가 될 듯합니다.

식재료

전복 큰 것 3마리, 새우살 1컵, 녹두 불린 것 1컵, 쌀 불린 것 2컵, 당근 다진 것 약간, 쪽파나 실파 다진 것 약간, 잣 다진 것 약간, 맛술, 후추, 소금 약간, 참기름 2스푼.

만드는 법 :

1. 전복을 깨끗이 손질해서 살을 분리하고 내장 빼내고 이빨은 잘라서 버리고 굵게 다져줍니다.
2. 새우살도 굵게 다집니다. 당근도 다져놓고, 쪽파도 다지고, 잣도 다져 놓습니다.
3. 달궈진 팬에 전복과 새우살과 불린 쌀과 당근을 넣고 볶아줍니다.
4. 후추, 맛술도 뿌려 볶고, 불린 쌀과 당근 다진 것도 볶다가 물을 부어 끓입니다. 끓기 시작하면 녹두도 함께 넣고 끓입니다. 불을 줄여 눌어붙지 않게 저어줍니다.
5. 다 끓으면 소금으로 간을 맞추고, 참기름을 넣고 다진 쪽파와 잣을 올려 완성합니다.

본문 속에 나오는 인용서 살펴보기

수문사설이란 어떤 책인가?

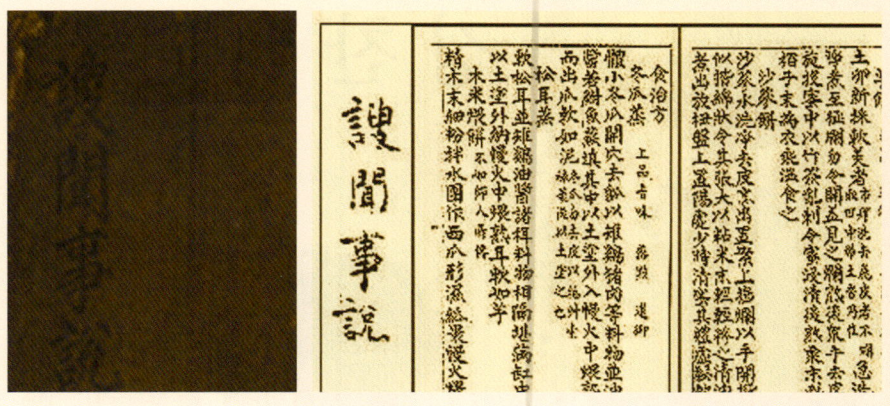

본문 169면에 인용되고 있는 <수문사설>이란?

1700년대에 편찬된 요리책으로, 국립중앙도서관과 서울시립종로도서관에 소장되어 있다.

저자는 이시필(李時弼)이라는 설과 이표(李杓)라는 설로 양분되어 있으나 여러 가지 정황으로 미루어 보아 이표(李杓)로 추정되고 있다.

이 책의 식치방에는 고추장이 나오는데, 이 고추장은 1700년대 중엽부터 등장한 음식이다. 또 우분죽(藕粉粥)이라는 항목에는 찬자 자신이 을미년(1715)에 연경(燕京)에 다녀왔다는 말과 선왕이 병으로 음식을 먹지 못했다는 말이 나온다. 이 내용을 미루어보아 이 책을 지은 연대가 1715년 이후라는 것을 알 수 있다. 또 선왕은 경종을 칭하는 것임을 알 수 있다. 그러므로 이 책은 경종의 다음 왕인 영조 대에 집필된 것임을 짐작할 수 있다. 따라서 이표가 60세경인 영조 중엽, 즉 1740년대쯤에 편찬한 것으로 보인다.

이 책의 특징은 당시의 솜씨 있는 여러 조리사들의 비법을 적어놓은 것이라 할 수 있다. 이를테면, 숙수 박이돌(朴二乭)이 만든 우병(芋餅), 돌이와 학득(學得) 등이 만든 황자계혼돈, 민계순의 종 차순이 만든 붕어증, 모로계잡탕(母露鷄雜湯) 등 다른 조리서에서는 보이지 않는 특이한 조리법들이 소개되고 있다.

이 책은 연관 내용을 크게 세 부문으로 나누어, 음식 만드는 내용을 담은 식치방(食治方), 온돌 만드는 내용을 담은 온돌편(직돌식, 풍조식), 생활에 이롭고 쓰기 편한 이기용편(利器用編)으로 구성되어 있다.

정찬미

01. 찜장

전통음식만들기 67

찜장

어린 시절 우리 할머니께서 엄마에게 주문하셨던 찜장입니다.
가마솥에 밥 안치고, 양념한 된장을 주발이라는 스테인리스 그릇에 담아, 밥 위에 쪄서 먹는 겁니다.
그때 우리 엄마가 빤히 지켜보고 있는 저에게,
"찜장은 꼭 뚜껑 있는 그릇에 해야 한다."

하고 말해주던 기억을 더듬으며 재현해 봅니다.

그 시절에야 풋고추, 대파가 전부였지만 저는 이렇게 했습니다.

양파, 청양고추, 표고버섯, 마늘, 중파 다져서, 된장 한 숟갈, 뼈 뺀 멸치 조금, 고추장 조금, 설탕 조금, 물은 넣지 않고, 이 재료들을 잘 버무려 옥식기에 담아 뚜껑 닫고 밥솥 안에 가만히 앉혀 놓습니다.

옥식기는 스물여덟 먹은, 저의 보물 같은 아들의 돌 밥그릇이며, 우리 살림살이 중에 가장 오래 가지고 있는 가보 같은 물건입니다.

그때는 몰랐는데, 내가 어른이 되어 찜장을 만들다 보니 알았습니다, 왜 뚜껑이 있는 그릇에 해야 하는지를…….

뚜껑을 덮고 쪄야 밥이 끓을 때 밥물이 넘쳐 들어가지 않아서 맛있는 찜장이 된다는 것을.

할머니의 지혜를 생각하며, 온 가족이 둘러앉아 꽃상추며 깻잎에 하얀 밥 한 술 놓고 찜장을 올려 쌈도 싸 먹고, 보리밥에 한 술 얹어 쓱쓱 비벼먹기도 합니다.

식재료 :

양파, 청양고추, 표고, 마늘, 중파 다져서, 된장 한 숟갈, 뼈 뺀 멸치 조금, 고추장 조금, 설탕.

만드는 법 :

1. 찜장에 넣을 양파, 청양고추, 표고버섯, 중파, 마늘을 준비합니다.
2. 양파, 청양고추, 표고버섯, 중파, 마늘을 잘게 다져줍니다.
3. 위의 다진 채소들을 된장, 고추장과 함께 버무릴 용기에 옮겨 담습니다.
4. 함께 넣을 멸치도 배를 갈라서 뼈와 똥을 발라내어 손질해 줍니다.
5. 다져놓은 채소에 된장을 넣어 비벼줍니다.
6. 이때 발라서 준비한 멸치도 같이 넣어서 비벼줍니다.

7. 고추장도 한 술 넣어줍니다.
8. 설탕도 함께 넣어서 모든 재료들이 고루 잘 섞이도록 비벼줍니다.
9. 10. 섞여진 재료들을 속이 옴푹하고 뚜껑이 있는 옥식기에 꾹꾹 눌러가며 담아줍니다.
11. 밥솥에 밥을 안친 다음 뚜껑 덮은 옥식기를 밥 위에 얹어 솥뚜껑을 닫고 함께 끓여줍니다.
12. 13. 밥이 다 되고 밥솥을 열었을 때 옥식기 뚜껑을 열어보면, 밥물이 들어가지 않아서 재료들의 맛을 잘 살린 찜장이 완성되어 있습니다.
14. 이 찜장으로 해먹을 수 있는 것이 참으로 많은데, 먼저 깻잎쌈을 싸 먹으면 깻잎의 향과 함께 깊은 맛을 느낄 수 있습니다.
15. 그리고 상추쌈으로 즐겨도 시원한 맛이 더해져 새로운 쌈맛을 볼 수 있습니다.
16. 보리밥에 이 찜장을 넣어서 그냥 비벼주기만 해도 구수함이 더해져 정감 가는 맛이 됩니다.
17~24. 여럿이 함께 먹을 때에는 커다란 비빔 그릇에 상추를 찢어넣어 찜장과 함께 비벼주면 마파람에 게눈 감추듯 없어지는 별미가 됩니다.

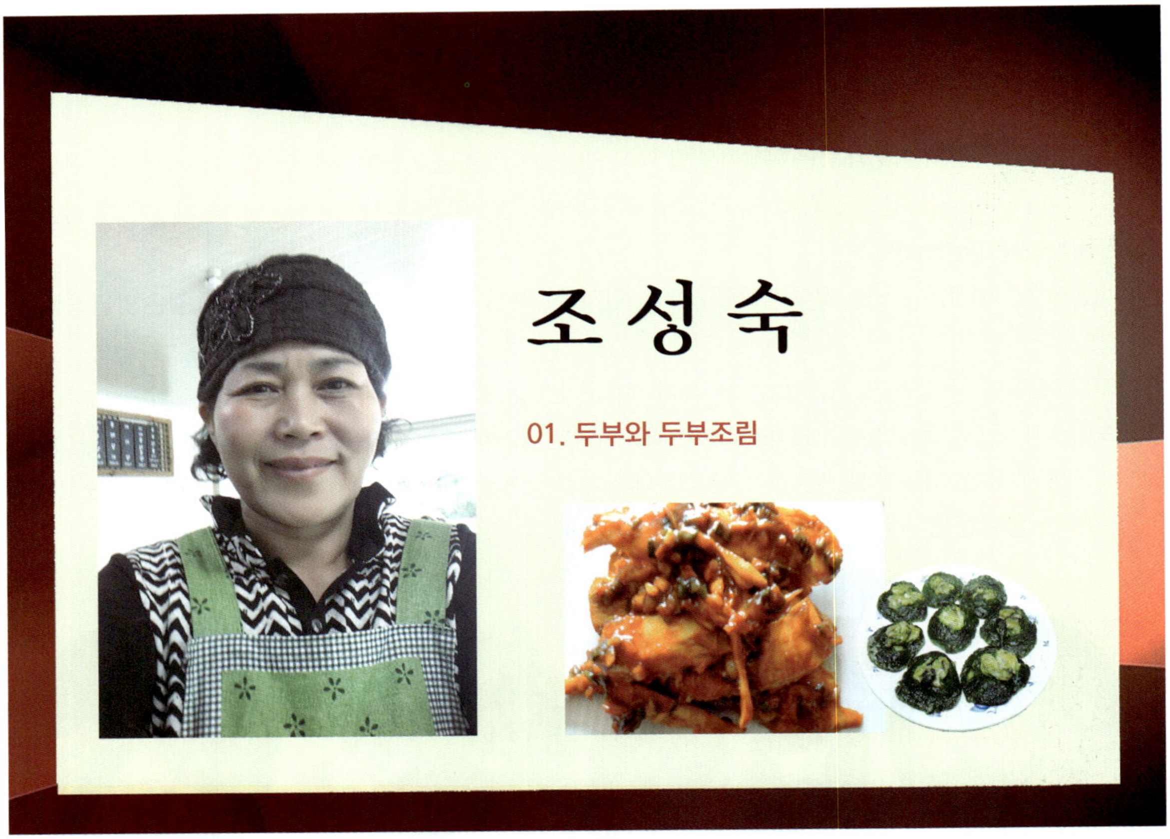

전통음식만들기 68

두부와 두부조림

콩 8kg, 물, 간수 1L(리터).

만드는 법 :

1. 콩을 먼저 좋은 것으로 골라야 합니다.
2. 콩은 10시간 정도 불려줍니다.
3. 4. 맷돌에 물을 조금씩 부으면서 갈아줍니다.
5. 그다음 무쇠솥에 물을 붓고 장작불로 물을 끓입니다.
6. 물이 끓으면 갈아놓은 콩을 끓는 물에 넣어줍니다(물을 충분히 잡아주셔야 밑에 눌러 붙지 않습니다).
7. 8. 9. 고운 면자루에 담아 콩물만 짜줍니다. 이것이 두유입니다.
10. 간수를 넣어 두부를 응고시킵니다. 이것은 순두부입니다. 이 순두부를 틀에 넣어 꼭 눌러줍니다.
11. 틀에 넣고 꽉 눌러주었더니 두부가 완성 되었습니다.

  몇 시간을 기다려야 맛 좋고 고소한 손두부를 먹을 수 있습니다.

두부조림 만드는 법 :

12. 두부를 0.5cm로 썰어서 소금을 살짝 뿌립니다.
13. 들기름을 두른 후 이렇게 후라이팬에 노릇하게 구워줍니다.
    앞뒤로 노릇하게 구워줍니다. 너무 오래 굽지 않습니다. 오래 구우면 뻣뻣해집니다.
14. 양념간장은 간장, 고춧가루, 마늘, 파, 들기름, 매실청을 조금 넣었습니다.
15. 먹기 좋은 크기로 잘라줍니다.
16. 한 켜씩 양념장을 얹어줍니다.
17. 맛 좋은 두부조림 요리가 되었습니다.
18. 예전에는 이것이 추억의 도시락 반찬이었습니다.

281

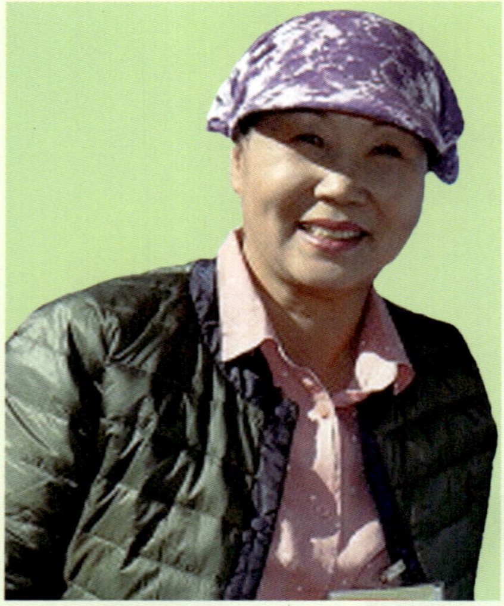

최봉순

01. 간장 담그기

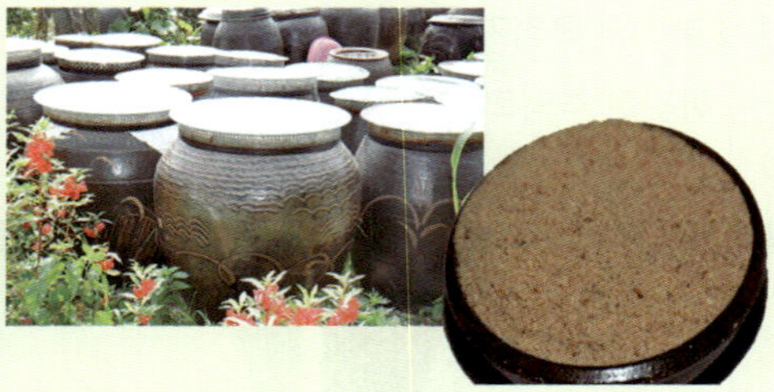

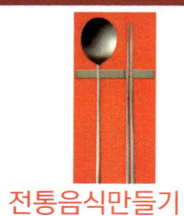

전통음식만들기 69

간장 담그기

전통 장류를 만들던 옛 선조님들의 지혜는 참으로 감탄할 만한 좋은 유산입니다.

현대의 생활습관과 주거환경이 도시화, 패스트푸드화되면서 그 예전의 전통 장류를 만들고 유지하기 어려운 환경으로 변했습니다.

저는 옛 전통을 발전시켜 간편하면서도 잘 발효된 그 맛을 따라하기 쉽게 재현하였습니다.

식재료 :

메주 5장(콩 한 말로 쑤어 1/5로 나누어 메주를 빚어 말린 것), 물 25L(리터), 소금 5.5kg.

메주 준비하는 법 :

1. 콩은 깨끗이 씻어 6시간 이상 불립니다.
2. 불린 콩을 5시간 가량 삶습니다.
3. 삶은 콩을 건져 찧어서 메주 성형을 합니다.
4. 네모지게 성형한 메주를 짚으로 엮어 자연 통풍이 잘 되는 곳에 매달아 건조시킵니다.
5. 건조가 잘 된 메주를 따뜻한 방에서 30일 가량 띄우면 제대로 잘 뜬 메주가 나옵니다.
6. 메주는 겉이 딱딱하고, 속에는 약간의 습기가 있는 정도의 메주가 좋은 것입니다.

간장 담그는 법 :

1. 간장을 담글 메주를 준비합니다.
   메주는 겉이 딱딱하고, 속에는 약간의 습기가 있는 정도의 메주가 좋은 것입니다.
2. 3. 메주를 씻을 때는 메주를 물속에 완전히 담그지 말고 흐르는 물에 솔로 문지르며 겉만 닦습니다.
4. 채반에 놓고 잠시 물기를 제거한 다음,
5. 항아리에 넣습니다.
6. 면 보를 깔고 소금을 넣고 물을 부어 소금물을 만들어,
7. 잘 가라앉힌 다음 독에 붓습니다.
8. 소금물과 함께 온 숯을 불에 달구어서 백탄으로 만들어,
9. 10. 불이 빨갛게 살아있는 것을 그대로 항아리에 넣습니다.
11. 양지 바른 곳에 두 달 간 익힌 후,
12. 장 가르기를 합니다.

한혜경

01. 포도 모양 김밥

전통음식만들기 70

포도 모양 김밥

    소풍 때나 맛볼 수 있었던 맛있는 김밥. 이제는 먹고 싶을 때 누구나 쉽게 해먹을 수 있는 흔한 음식이 되었습니다.

    소풍 가서 김밥을 열어보면 재료는 같은데 맛은 각양각색이고 모양도 참 다양했던 김밥들.

    포도를 보고 갑자기 아이디어가 반짝 떠올랐습니다. 포도즙으로 색을 내고, 제가 어릴 적부터 따서 먹던 전라북도 고창군 만돌갯벌 지주식 김 양식장에서 채취한 청정 김으로 포도 모양 김밥을 만들어 봤습니다.

식재료 :

포도즙, 매실자소엽장아찌국물, 쇠고기, 삶은 달걀, 오이.

만드는 법 :

1. 김밥을 쌀 포도즙, 매실자소엽장아찌국물, 쇠고기, 삶은 달걀, 오이를 준비합니다.
2. 삶은 달걀은 노른자위만 체에 내려서 준비하고요. 오이는 길이로 2등분, 쇠고기는 얇게 포를 떠서 기본양념을 하여 익혔습니다.
3. 복분자 발효액, 매실장아찌 국물로 밥에 색을 내었습니다.
4. 5. 6. 김을 3/1 길이로 잘라서 조그맣고 동그랗게 말아줍니다.
7. 8. 완성된 포도 모양 김밥입니다.

◀ 전라북도 고창군 만돌리 갯벌에다 지주를 세워 매단 그물 위에서 하루 두 번씩 밀려오는 밀물과 썰물, 그리고 충분한 햇빛과 해풍을 맞으며 자라고 있는 채취 직전의 지주식 김 양식장 모습.

◀ 만돌갯벌 지주식 김 양식장에서 다 자란 김을 채취기로 수확하고 있는 전라북도 고창군 만돌리어촌계 어민들 모습.

본문 속에 나오는 인용서 살펴보기

▣ 시의전서是議全書란 어떤 책인가?

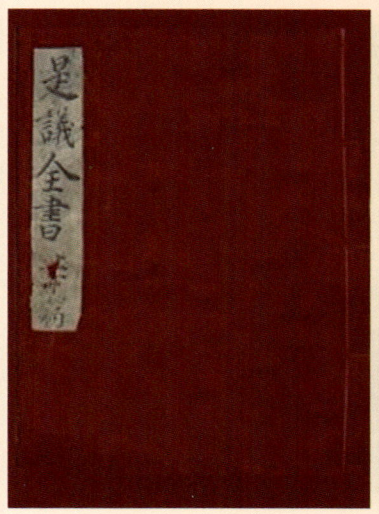 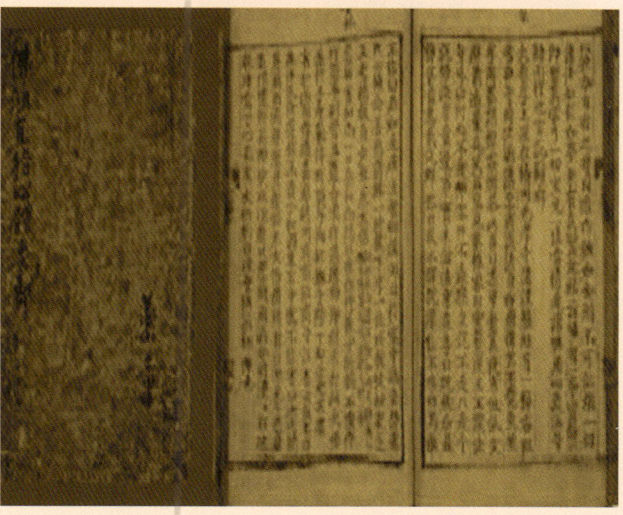

본문 169면에 인용되는 <시의전서(是議全書)란?

　조선 말기의 요리책으로 지은이는 전해지지 않고 있다. 1책 상하편으로 구성된 책으로, 1919년 심환진(沈晥鎭)이 경상북도 상주 군수로 부임한 당시 상주의 반가에서 한 요리책을 베껴둔 필사본이 그의 며느리인 홍정(洪貞) 여사에게 전해져 오늘에 이르고 있다.
　이 책에는 조선 말기의 다양한 한국 음식을 비교적 잘 정리해서 분류해 놓고 있다. 17종의 술 빚는 법 등 다양한 종류의 식품, 건어물, 채소가 많이 수록되어 있어 한국 전통요리 연구에 귀중한 사료로 평가되고 있다.
　특히 반상도식은 곁상, 오첩반상, 칠첩반상, 구첩반상, 술상, 신선로상, 입맷상 등의 원형을 찾을 수 있다. 특히 이 책에서는 식혜와 감주 사이의 관계를 밝히고, 비빔밥이란 용어가 문헌 상 처음으로 언급된 점이 사료적 가치를 높여주고 있다.
　1책 상하편으로 구성되었으며, 상편에는 장·김치·밥·미음·원미·죽·응이·찜·선·탕·신선로·회·면·만두·전골·전·구이·포·장육·자반·나물·조치·화채·약식 등이 수록되어 있다. 하편에는 전과·편·조과·생실과·약주·제물·회·채소목록·각색 염색·서답법(세탁법)·반상도식(상차림법)까지 수록되어 있다.

황정희

01. 감자떡

전통음식만들기 71

감자떡

아버지…….
아버지라고 참으로 오랜만에 불러봅니다.
아버지는 저를 서른두 살에 낳으셨지요.
 늦은 결혼으로 늦게 얻은 딸이라서 누구보다 귀여워해주셨고 돌아가시기 전까지 저에게 누구보다 많은 사랑을 퍼부어주셨습니다.

"엄마, 감자떡 해줘요 으으응! 냄새 안 나는 감자떡 해줘요."
하고, 강짜를 부리듯 계속 엄마를 졸라댔지요.
 제가 얼마나 졸랐으면 엄마는 감자를 내어주시면서
 "깎아놓아라. 이따가 감자떡 해줄게."
하고 말하셨습니다.
 감자 한 바구니를 들고 와 달챙이 숟가락으로 감자를 깎고 있는데 갑자기 방 안에서 비명소리가 들리고 엄마가 너무너무 아파하시는 거예요. 깜짝 놀라 방으로 다가가 엄마를 바라보니 엄마는 제게,
 "얼른 뛰어가서 고모 모시고 오라."
하고 소리를 치셨습니다.
 그날 밤에 저의 남동생이 태어난 것이었습니다.
 고모는 아기를 받아 말끔히 씻겨 배내옷을 입혀 강포에 싸서 재우고, 엄마에게 미역국까지 끓

여드린 후 제게 혼을 내셨지요. 엄마 힘든데 감자떡 해 달랬다고…….

그날, 고모는 얼마나 저를 혼내시는지 밤늦게까지 울었던 기억이 지금도 잊어지지 않습니다.

다음날 아버지는,

"어유, 우리 딸! 감자떡이 그렇게 먹고 싶었어? 아빠가 감자떡 해줄까?"

이러시면서 어디서 구해 오셨는지, 깡통을 구해다가 잘라서 강판을 만드셨고 그것에 감자를 갈아서 감자떡을 만들어주셨습니다.

그런데 그 감자떡은 지금 송편처럼 예쁘게 빚은 게 아니고 풋콩 몇 알갱이 넣고 그냥 주먹으로 쥐었다가 놓은 그런 감자떡이었답니다.

그렇지만 아버지랑 같이 송편을 만들면서 웃고 웃었던 그 시간들……. 아버지는 커다란 감자떡, 제 송편은 아주 작은 감자떡…….

그때의 그 추억은 아직도 제 기억 속에 또렷이 자리하고 있답니다.

지금도 그때 아버지가 만들어주셨던 그 감자떡 맛은 잊을 수가 없어 저는 감자떡을 자주 해먹는답니다.

감자 2kg과 개미팥 계량컵 1컵입니다.

만드는 법 :

1. 감자를 깎아서 물에 담가둡니다.
2. 3. 물에 담가둔 감자를 강판에다 갈았습니다.
4. 5. 갈아놓았던 감자를 망에 넣어서 짰습니다. 너무 꼭 짜면 떡이 딱딱해집니다. 약간 질펀하게 짜야 떡이 부드럽습니다.
6. 국물을 가만히 두면 바닥에 전분이 가라앉게 됩니다.
7. 8. 이렇게 전분이 가라앉았습니다.
9. 망에 넣어서 짜두었던 감자 무거리에 전분을 섞어주고 소금 약간 넣고 반죽을 합니다.
10. 11. 12. 13. 개미팥 1컵에 물 3컵을 넣고 삶았습니다. 소금과 설탕을 조금 넣고 빻았습니다. 팥고물 대신 강남콩을 사용해도 됩니다.
14. 이렇게 빚었습니다. 조금 질다 싶은 느낌이 들어야 합니다.
15. 쪄낸 모습입니다. 물 조금 넣고, 참기름 몇 방울 넣어서, 떡에 살살 발라줍니다.

16. 이건 반죽을 조금 남겨서 뽕잎가루를 넣었습니다.
17. 18. 다시 빚어 쪘습니다.
19. 20. 그릇에 담아낸 모습입니다.

전통음식만들기 카페 연혁

개설

- 2006년 11월 15일 카페 개설.
    - 카테고리 : 생활 / 건강 / 요리.
    - 검색어 : 전통음식, 장 담그기, 전통요리, 폐백음식, 전통주 담그기, 떡 만들기, 효소 담그기, 고추장 담그기, 한국요리, 맹명희.
    - 개설취지 : 전통음식을 사랑하고, 만들고, 즐기며, 계승하고자 하는 사람들의 모임.
- 2009년 3월 20일 자매 카페인 <전통음식만들기 2> 상업 카페 병설.
    - 개설취지 : 전통음식만들기 카페의 전용매장으로 안전하고 믿을 수 있으며 운영진에 의한 엄선된 식자재와 유용한 생활용품의 발굴 및 구매와 판매의 장 마련.
    - 구 성 : 12개의 직영코너와 직거래장터 / 가공식품 / 생활용품 / 여행 / 부동산 카테고리에 약 230여 명의 판매자 회원이 사업자등록증, 통신판매허가, 유기농인증 등의 각종 인허가 사항을 등록하고 활동 중.
- 2009년 ~ 2016년 현재, 다음 카카오(Daum Kakao)에서 우수카페제 시행 이후 다음 카카오가 선정하는 우수카페에 8년 연속 선정됨.
    - 회원 수 : 실명 인증제 카페로 4만 3천여 회원 활동(전음방 2 : 2만 5천여 명).
    - 카페 순위 : 요리 관련 부동의 랭킹 1위(카페 전 부문 포함 실시간 검색 수시 Top 랭크).
    - 카페지기를 필두로 14명의 운영자와 2명의 게시판지기가 봉사 중.

카페 주요 활동 내용

- 2008년 02월 : 김포에서 첫 정모 개최.
- 2009년 04월 : 제1회 전국 봄 정모(함양 묏골농원) 개최.
- 2009년 11월 : 제1회 전국 가을 정모(함양 묏골농원) 개최.
- 2009년 11월 14일 ~ 15일 : 제2회 전국 정모(함양 묏골농원) 개최. 한봉(벌통) 분양.
- 2010년 10월 : 제3회 전국 정모(함양 묏골농원) - 매년 가을 정례화.
- 2011년 10월 : 제4회 전국 정모(함양 묏골농원).
- 2012년 10월 : 제5회 정모(용인 덕평수련원) 및 직거래장터 개설.
- 2012년 10월 : 정맛, 손맛 에세이 출간계획 수립 및 원고 접수(2016년 발간 예정).

▲2014년 10월 용인 덕평수련원원에서 열린 제7회 정모 기념 촬영 모습.

- 2013년 10월 : 제6회 전국 정모(용인 덕평수련원) 및 직거래장터 개설.
- 2013년 05월 : 제1회 해외 단체 여행(대만 35명)을 시작으로 매년 해외 단체여행
  (태국 / 베트남 / 중국 / 일본 등).
- 2014년 10월 : 제7회 전국 정모(용인 덕평수련원) 및 직거래장터 개설.
- 2015년 10월 : 제8회 전국 정모(용인 덕평수련원) 및 직거래장터 개설.
- 2016년 02월 : 대찬병원과 의료협약 체결로 회원 건강 채널 구축. 회원들의 건강 증진 도모.
- 연중 요리 이벤트 및 요리 경연 대회 수시 개최.
- 각종 방송 매체 출연 및 방송 참여 & 자문, 카페 메인 회원요리 다수 소개.
- 테마별 / 지역별 모임을 통한 친목 및 요리강습 수시 개최.
- 이웃돕기(독거노인 / 환자 / 해외 재난구호) 범 카페 차원 참여.
- 회원 농장 탐방(현장 견학 및 인터뷰, 견본 검증 등 신뢰 형성 구축).

◀ 카페 바로가기 주소

- 전통음식만들기 1 카페 (순수요리카페)
  http://cafe.daum.net/wjsxhddmatlr1
- 전통음식만들기 2 카페 (상업 카페)
  http://cafe.daum.net/wjsxhddmatlr2

▣ 편집 후기

[맹명희]　　　　　[이광님]　　　　　[성정연]

　이 책의 글과 사진들은 인터넷 카페에 있는 글을 옮긴 것이기 때문에 일반 다른 요리서적들과는 레시피나 사진, 언어의 구성이 많이 다릅니다.

　사이트에 올려 있는 글을 그대로 퍼다놓으면 될 줄 알고 시작한 것이었는데 막상 작업을 시작하고 보니, 늘 이야기를 나누던 사람들끼리라면 얼마든지 이해할 수 있는 음식 조리 과정상의 사진 한 장과 그 밑에 붙이는 설명 글도 처음 보시는 독자들에게는 공감하기 어려운 부분들이 대부분이었습니다.

　그 거리를 최대한 좁혀보려 노력했으나 쉽질 않았습니다.

　다음번 책에서는 좀 더 잘할 수 있을 것이라는 믿음을 안고 부족하나마 더 아픈 손가락인 무녀리 하나 사립문 밖으로 살짝 밀어놓습니다.

2016년 맑은 가을날에

맹명희, 이광님, 성정연 드림